Marie, mon secret

DU MÊME AUTEUR

De l'amour en éclats, Ad Solem, 2003.
De sa part, Douze lettres de saint Dominique écrites post gloriam, Ad Solem, 2005.
À l'âge de la Lumière, Dialogue avec la pensée des hommes, Ad Solem, 2006.
La passion de l'amour, Ad Solem, 2008.
Cette nuit, l'éternité, L'Œuvre, 2009.
Homme et prêtre, tourments, lumières, confidences, Ad Solem, 2011, Pocket, 2014.
Marie, mon secret, conversation avec la Vierge, Liamar 2012.
Croire, Questions éternelles, réponses actuelles, Artège, 2012.
Au diable la tiédeur, Robert Laffont, 2012, Pocket, 2014.
Le Passeur de Dieu, Robert Laffont, 2014, Pocket 2015.
L'amour : une affaire sacrée, une sacrée affaire, Le Rocher, 2014.
Lettre ouverte à l'Église du troisième millénaire, Robert Laffont, 2015.
Quand je ne serai plus là, Robert Laffont, 2015.

CD-DVD, Court-métrage et chansons
Pour l'amour de l'Amour, CD-DVD, 2009, premier prix du court-métrage, Festival international Mirabile Dictu, 2013.
Une idée folle, CD, 2011.
Un cœur de feu, coffret de 5 CD, Artège, 2015.

Éditions Artège
10, rue Mercœur – 75 011 Paris
9, espace Méditerranée – 66 000 Perpignan
www.editionsartege.fr.
ISBN : 978-2-36040-597-8

Michel-Marie Zanotti-Sorkine

Marie, mon secret

Conversation avec la Vierge

ARTÈGE

« Rien de plus exquis
que d'être violemment ému
par un être invisible. »
Maurice Barrès

I

Du plus loin qu'il m'en souvienne

Très Sainte Vierge Marie,
Puisque l'amour traverse tout, c'est bien connu, faufilant les siècles et les âmes, cousant d'un fil d'or inusable les cœurs les plus distants, de temps en temps, prenant aussi votre tour, vous recevez de Dieu le droit de visiter les hommes, certes, dans votre lumière et selon votre style. Il faut dire que là-haut, il n'est plus rien à voir avec nos habitudes, fussent-elles attachées au plus sain des principes comme celui de parler à un être présent vous écoutant de tous ses yeux. Ici-bas, l'idée même de communication meurt sous les coups étouffés du silence ; toute solitude, dit-on, revêt d'un habit de deuil celui qui s'en pare. Ainsi, victimes de cette erreur grossière, les yeux sur nos chaussures, nous nous privons, les uns plus que d'autres, de ces voix célestes et sans timbre qui de la bouche même de Dieu ne demandent cependant qu'une chose : glisser jusqu'à l'âme. Les saints nous l'ont pourtant prouvé sur tous les tons, racontant les visions reçues, les paroles entendues, les

intuitions, et autres formes d'inspirations dont ils furent accablés, souvent contre leur gré ; mais rien n'y fait, le fond reste sceptique. En décidant d'écarter la surnature avec un zeste de mépris à l'allure scientifique, sectionnant toute voix à l'embouchure du Ciel, tout reprend ordre, c'est vrai, et nous voilà tranquilles… mais vides.

Si proche des saints, en un temps aujourd'hui disparu au champ de bataille de la modernité, le plus humble des paysans n'était pas moins servi quand, assis près de l'étang jouxtant sa maison, il contemplait durant des heures, une herbe entre les dents, la griffe de Dieu sur les serpents, oiseaux, arbres penchés, feuilles tombées voguant au fil de l'eau. Mais le meilleur n'est pas là. À l'orée des choses contemplées, s'exhalaient alors des pensées aussi limpides que signifiantes, soigneusement recueillies pour la distillation du soir, où près de l'âtre, en secrets de joie, elles rehaussaient la vie, assoiffée comme les poètes de ce qui ne se voit pas. Et les enfants, de leur imaginaire aux yeux ronds, faisant feu de tout bois, enjambaient le réel, sautaient à pieds joints dans le rêve, où l'imaginé, l'incroyable, autrement dit, l'au-delà dont Dieu seul a la clef, se donnait à voir, à croire et à aimer. C'est un fait aussi sensé et éternel que la parole du Christ : les enfants nous dépasseront toujours dans l'ordre de la connaissance ; sans répit, ils vont plus loin, cherchant à recevoir plus qu'à comprendre.

Ce soir, comme l'un d'entre eux, je me tiens en votre présence, ô Marie, vous qui, en mon désir, avez si ardemment souhaité notre rencontre. Depuis longtemps, peut-être depuis toujours, sans que rien ne l'explique, j'arpente votre mystère à la recherche de celui du Christ qui s'y confond, quoi qu'en disent certains frères chrétiens dont la foi, depuis le XVIe siècle, ne veut plus entendre votre voix personnelle. Car vous avez en propre. Ceux qui l'ignorent, sans le faire exprès, verront demain, j'en suis sûr, la source que vous êtes ; et en pardonnant la liberté que je vole à l'Esprit Saint en vous recréant sur fond de vérité, trouveront en eux, je l'espère, la souplesse de croire que l'Évangile, cru et nu, volontairement privé de détails en vue de la contemplation des hommes, gagne en lumière quand il est visité de fond en comble par l'âme sensible et concrète, comme l'amour quand il existe. Et puis, convenons-en, les détails sont pour les amoureux qui ne perdent rien et imaginent tout.

Sur ce principe, ô Marie, je veux marcher en vous, et partir à votre recherche, jurée brebis perdue comme les autres, si dix-neuf siècles plus tard votre premier mystère, sans doute le plus essentiel, aussi enfoui que le démon dans la nature de l'homme, n'eût été mis à jour par un successeur de Pierre. En vérité, rien n'est plus facile à croire que votre Conception Immaculée ; il suffit d'examiner le cœur quand il s'éprend : n'est-ce pas en souterrain que l'amour bat le plus fort ? Où se trouve l'intensité du sentiment, sinon en soi bien avant qu'il n'éclose ? Et pour toute œuvre, ne faut-il point des fondations, solidement rivées en l'intime de celui qui la prépare ? Les commencements sont toujours perdus en des abîmes où l'œil en vain s'égare. Aucun artiste, du moins les vrais, obnubilés par l'acte créateur, n'oserait écrire un mot, tracer une ligne, ajouter une couleur, frapper une note, le marbre ou l'argile, sans avoir reçu, conçu, porté au fondement d'eux-mêmes, l'extrême fin qu'il faut atteindre, à savoir par où il faut passer et où l'on est attendu. Et vous, Immaculée, vous n'avez pas échappé à la loi créatrice, vous fûtes désirée de très loin, ou plus exactement de très-haut, bien avant que la Chute en son état larvé n'effleurât l'intelligence aiguisée du futur démon. Le monde se tenait encore debout sous le souffle divin, vantant l'amour inventé entre deux créatures, que la Trinité seule, en avance de quatre millions d'années, vous imaginait aussi nécessaire et vitale que l'avenir.

Un beau jour, le plus triste de l'histoire – ne riez pas, mes amis, regardez en vous, je dis la vérité ! – la bonté excessive d'un ange, aussi libre que l'air, se prit à vouloir muer, renversant son état d'un seul coup de superbe, endossant le contraire de la nature de Dieu. Oh ! qu'il est hideux l'esprit de la créature quand il perd les proportions de sa juste place ! Le torse bombé, les ailes en ramage, surmontées d'un regard de fou, malgré l'immense beauté ou peut-être de par son excellence, l'ange gravait en creux dans le temps le spectacle effrayant de la difformité monstrueuse. De ce choc frontal, né dans l'intelligence, dur comme l'enfer à peine naissant, par grâce, nous ne savons rien (le Père connaît nos peurs et ne veut pas en rajouter), si ce n'est qu'affligé par tant de haine, il s'en est tenu à tenir les rênes de son enfant perdu, le laissant à lui-même au nom de la liberté qui, comme nous le savons, est objet pour lui de vénération souveraine. Rien de mythique en cette vision, tout y est vrai, aussi vrai que le mal existe. La suite archi-connue n'a pas besoin de preuves ; les effets crient l'évidence d'un principe nouveau, porteur de mort, méchant jusqu'à la moelle, cherchant à s'infiltrer partout, et par un jeu stupide perdu d'avance, croyant blesser le Père, attaquant les enfants sous la peau d'un serpent innocent, plus insidieux que sa progressive caresse au tronc des arbres.

Les premiers atteints furent les Premiers. Et pour en finir, la femme dont l'être en chef-d'œuvre subjugué par le lien, existe, on le sait bien, pour se livrer, se donner, s'oublier jusqu'à dépendre presque imprudemment, tant elle est pure et droite, de l'amour offert ou promis. En tout temps – qui n'en conviendrait ? – ses souffrances en forme de pleurs souvent inconsolables marquent des millions d'histoires sur fond d'aveuglement dont elle n'est pas foncièrement coupable. Et le démon le sait qui joue de préférence avec elle. Ève, la première, l'exemplaire, devait entrer de plain-pied dans les yeux du dragon, se séparant déjà de son Adam, par le seul fait d'écouter, de répondre à la Bête envenimée de mensonges. S'écarter de l'amour par un simple regard vers autrui, c'est déjà trahir, du moins, s'y préparer. Et parler, n'en parlons pas. Il faut dire que l'appel était fort et qu'il sonnait très bien : « Vous serez comme des dieux. » La Femme s'est émue, on lui pardonne, et l'homme a suivi comme de coutume, trompé sur toutes les coutures par l'orgueil, son péché de cuirasse. Ainsi fut dégradée la création humaine. Il manquait la limite, la souffrance et la mort : elles tombèrent toutes les trois sur le corps et sur l'âme du monde, obéissantes au doigt et à l'œil de celui qui a le sens de l'honneur et de toute justice. Ne bondissez pas, gentillets doucereux, faiblets de l'amour mal compris ! Dieu aime en éprouvant.

Dès lors, et pour les siècles des siècles, le temps faisait sentir les heures, longues et sans but ; l'horizon se cognait au nez des hommes, l'immédiat se prenait pour l'infini ; et chacun, surtout les plus sensibles, allait de son couplet pour entonner au loin quelques chansons d'exil.

Puis il y eut *Israël*, la terre confiée, le périmètre élu, mis en marche vers la vérité, où rois, patriarches et prophètes, enfin sujets du Dieu unique, flanquaient dans leurs bagages commandements et conseils pour que tienne à peu près droit le peuple sur l'histoire démontée. Réussite moyenne, mais idéale pour ce temps d'aurore qui, durant deux millénaires, guetta l'arrivée de jours meilleurs comme on attend le Messie. À ce monde centré sur le Temple – et c'était déjà beaucoup –, perclus de lois, campé dans un formalisme exigu, submergé par la lettre (que voulez-vous, il faut ce qu'il faut pour garder les enfants en la juste voie), le Père donna pour en sortir le coup de grâce.

De la loupe du Ciel, sur votre coin de terre, ô Marie, en votre village, resté obscur pour les besoins de l'humilité, Dieu se pencha jusqu'à la limite du possible, attendri par vos parents plus cachés que vous – et il faut le faire –, littéralement séduit par leurs prières qui, depuis quarante ans, n'en finissaient plus de saillir de leurs ventres affamés de descendance. Un enfant, un garçon si possible, voilà ce qu'ils osaient mendier malgré leur grand âge, bravant de tout leur espoir la malédiction divine posée sur leur amour sans faille. Que Dieu estime le désir et le fasse attendre, pas de doute sur ce point, la patience prouve évidemment l'amour, mais à vrai dire peu s'en servent, et l'exemple de vos parents tombe à plat sur notre monde avide. Attendre pour recevoir est devenu étranger à nos usages, et c'est pourquoi ce qui est reçu, toujours suivi de près par une autre envie rapidement comblée, demeure relatif en l'esprit, et souvent tristement apprécié. Notre désir manque d'ampleur, ne se laisse guère le temps de redoubler de puissance ; et si, par malheur, il n'aboutit pas en des domaines où les choses ne peuvent s'acheter, immédiatement, il s'en prend au réel qu'il juge incriminable, bafouant sans scrupule la volonté de Dieu pourtant sertie d'intelligence.

Pour rester dans le sujet, Vierge Marie, la plupart de nos couples stériles – que vous aimez particulièrement à force d'en percevoir la douleur –, récusant leur état, proclament contre l'évidence le droit d'avoir des enfants. Rien de vraiment patient en leur attitude intérieure ; la nature doit plier, voilà leur conception ; au diable les prières qui, à leurs yeux aveuglés, ne sont pas immédiatement fécondes ! Les voilà donc lancés, sexes en avant, dans les bras gantés de la prestidigitation médicale, qui d'un coup d'éprouvette, jette la semence d'un champ sur un autre, change de pères, intervertit les mères, greffe à tout va la vie déjà heurtée, met les doigts dans le rouage divin avant de déposer sous verre l'enfant au rayon congélation, première étape avant la poubelle. Marie, que vos parents sont loin ! Prier quarante ans, sans qu'un seul espoir ne se dresse en germe, et sans jamais émettre la moindre plainte en direction de Dieu, montre la clarté d'une confiance qui, chaque jour, s'éclairait à l'évidence joyeusement répétée : « Seigneur, vous en savez plus long que nous ! » À force de vouloir penser ainsi, la foi chevillée au corps finit bien sûr par engendrer un fruit. Marie, vos parents m'éblouissent. Leur existence, postée en sentinelle sur le manque à gagner, s'est déployée dans la stricte dépendance de Dieu. Je les rejoins sans effort aux jours qui se ressemblent, étonnamment dociles, heureux de leur sort malheureux, et c'est leur force. Bientôt, ils seront prêts comme l'or bruni sous la dent du loup. Ensemble, ou en leurs solitudes, ils ont donc porté tous deux la vie comme elle leur fut donnée, et de leurs places, ont attendu en bord de rive, sous le chant contrasté des psaumes, la levée de l'écluse.

Un matin, sans qu'elle ne fût vraiment surprise, tout fut clair pour votre mère, et en trois mois, à la stupéfaction de l'incrédulité voisine, vendue aux assauts d'une langue acerbe et villageoise, la nouvelle fit son tour : la vieille Anne était enceinte. De son côté, Joachim, prisonnier du secret depuis la première heure, ne changea rien de ses habitudes, continuant de bénir Dieu dans le bonheur comme dans le malheur ; une simple trace de gravité supplémentaire apparut en contour de rides autour de ses lèvres charnues. Que voulez-vous, l'avenir pesait lourd au ventre de son épouse ; il eût été puéril de ne point le mesurer. Cependant, l'inquiétude ne gagnait pas. Dieu savait qu'il en serait ainsi. La foi rend le fardeau léger.

Anne était plus enjouée et plus liante que jamais. Partout où elle se trouvait, en prière devant Dieu, à la fontaine, ou au lavoir, souvent éreintée, mais niant toute fatigue sous l'envol d'une joie persistante, elle allait d'un bon pas de jeunette, main contre son ventre, savourer la vie qui ne bougeait pas encore. La vieillesse enfante mieux que l'âge de tendresse, plus consciente du don, plus respectueuse de la grâce accordée, sensible au moindre éclat de bonheur pour en avoir perdu un sac en cours de vie. S'il n'était pas question de force et de durée, il me semble que Dieu eût préféré que les enfants naquissent en des milieux moins jeunes et plus détachés d'eux-mêmes. « La valeur n'attend pas... » c'est vrai ! mais le nombre des années sauve de bien des légèretés.

Ce ne fut pas le cas de la vôtre, ô Vierge de tous les temps, mais, sur notre génération, les vieux manquent atrocement. Entre ceux qui ne se sentent plus le courage de vieillir, poussés par un siècle idiot qui ne croit qu'en la peau tendue, et ceux qui n'ont plus le droit de parler, d'enseigner, d'être obéis, de vivre, parce que génération oblige, parce que la lenteur n'est plus de mise, parce que la mémoire est obligatoire même si l'on ne reçoit plus rien de celle qui est collective, parce que la mort se dessine au visage, parce que le corps péniblement se braque aux gestes les plus primitifs, parce que la vie est belle ou doit mourir, le compte est bon, les vieux dorment, et la sagesse en meurt ! Et pourtant, la vieillesse est féconde, Dieu l'a montré, vos parents nous le crient. Quand reviendrons-nous à cette évidence et viderons-nous les mouroirs de France et de Navarre pour coller un lit dans notre propre chambre, y faisant vivre et mourir les passeurs de notre propre vie ? Il manque aux enfants gâtés, bellâtres de la société, le sourire édenté de leurs lutteurs d'ancêtres ; il manque aux actifs, aux calculateurs, aux adorateurs d'argent, de se voir en miroir sur la chaise roulante, et de sentir les bras décharnés de leurs vieux parents se pendre encore à leur cou pour embrasser. Faut-il le redire, tant que l'âme respire, la vieillesse est féconde ; pourquoi donc s'en priver ? Marie, je vous en prie, priez, priez pour nous, pauvres pécheurs – et permettez-moi d'insister pour le bien de tous, j'y reviens de grand cœur, la preuve entre les mains : que pouvait-on espérer de vos parents dont l'arbre de vie semblait asséché pour jamais ? Tout ! jusqu'à la déchéance et la mort, sauf... la beauté essentielle, et c'est pourtant ce fruit qu'ils ont formé.

Une fille... unique en son genre, dont on ne peut rien dire si ce n'est que vos traits – ne rougissez pas, vous en seriez plus belle – saisissent en lueur inengendrée. Rassurez-vous, aujourd'hui et demain, je me garderai bien de vous circonvenir, et de risquer par là d'éloigner un seul être de votre présence que vous avez souhaitée en vos apparitions, aussi variée que les goûts humains, de manière à rattraper aux alcôves de l'attrait chaque enfant créé sensible. Les peintres, en écho, conscients de ce péril, et imprégnés, bien plus qu'ils ne le croyaient, du souffle de l'Esprit, sans jamais se copier, ni même se contredire, ont brossé sur leurs toiles votre indescriptible beauté. Tantôt brune ou blonde, au regard bleu ou noir, voilée ou dévoilée, robe d'hiver, robe d'été, vierge libre ou à l'enfant, lisant, pensant, pleurant, le sein dehors ou dedans, de face ou de profil, à l'huile, à l'eau, en fresque ou en tableau, qu'importe, l'Art s'épanche en vous, signe qu'en effet « les générations vous proclament bienheureuse ».

Pour l'heure où je vous rejoins, vous n'êtes qu'une enfant au bras de votre mère, l'enfant rêvée, l'enfant par excellence, toute remise à l'amour qui au berceau se penche, vous berce, vous lange, vous soulève, vous réveille, vous embrasse, vous offre déjà à la vénération du passant qui n'en revient pas de tant de lumière. Non, je n'exagère pas, ô ma Mère, pourquoi dites-vous cela ? Je ne vous suivrai pas sur cette route anéantie ! Ne vous étant jamais regardée, permettez-moi de me méfier sans mal de votre propre regard sur vous-même, surtout que le Ciel, par la suite, n'ayant pas arrangé les choses, votre humilité native, enchâssée dans l'être et encouragée au foyer familial, n'a fait que s'aggraver sous votre couronne. Eh oui ! que vous fussiez nouveau-né, enfant, jeune fille, adulte, morte ou en gloire, la grâce de l'oubli de soi n'a cessé de vous envelopper, comme une momie traverse les siècles sous l'huile parfumée et les bandelettes de lin. Marie, je voudrais tant vous ressembler, mais aurais-je le courage de descendre aussi bas sans l'espoir de remonter ?

Votre enfance, dont les empreintes n'ont pas été conservées, faute d'archives et de par la volonté de Dieu qui garde ses secrets pour mieux s'en délecter, est un appel à vous chercher, comme plus tard, à Jérusalem, vous chercherez Jésus, plus à son Père que jamais. Pour mettre en œuvre cet appel, quoi que puissent en penser vos fils exégètes qui s'en tiennent à l'écrit comme le chien à son os, je cours en mon imaginaire sur un tableau d'Europe centrale placé devant moi, là où je prie, là où j'écris, là où je porte les âmes, là où je mourrai peut-être, je le voudrais bien. Sur fond noirci par cent cinquante années de poussière embrumant votre visage, Anne et Joachim, plus décidés que jamais, vous entourent, alors que votre âge, malgré vos traits volontaires et réfléchis, ne dépasse pas trois ans. Vous tenez à la main une herbe des champs sur laquelle trois fleurs en bouton se serrent en grande égalité, image attendue de la source trinitaire, cependant que votre père, la main glissée sous votre auréole tient votre tête droit devant comme il convient à ceux qui ne sauraient, selon le conseil de votre Fils, « retourner en arrière ». Votre mère, sereine à outrance, de son index, se contente d'indiquer le Ciel. Ainsi, ma petite Vierge, vous fûtes éduquée aussi simplement que vous suiviez des yeux le doigt levé. Par grand malheur, sur la terre, peu de parents savent leur pouvoir dans l'ordre de la manifestation. Ils doivent montrer et ils l'ignorent. Et c'est de la sorte que se perdent en dédales de routes successives de nobles vies pensées pour le meilleur. L'inné, l'acquis, vieux débat souvent inutile, ouvert par dépit quand tout est clair et désormais joué au constat du médiocre ! Dès le premier cri, tenez-vous bien !, tout dépend de l'homme, autant dire du père et de la mère – et dans cet ordre, s'il vous plaît – qui d'une même onde se disposent à conduire l'être confié au-dessus de lui-même, appuyés sur les sains principes reçus d'au moins vingt siècles d'expérience, sans prétexter que les temps changent et qu'il faut s'adapter.

C'est dans le pérenne que se trouve la réponse. En matière de transmission séculaire, toutes les vertus, à commencer par les plus naturelles, s'enseignent et se déploient sous les coups de l'exercice. Aucun saint, aucune sainte, ne sont passés hors de ce tamis. Et vous-même, Très Sainte Vierge Marie, vous êtes entrée, sous l'exemple de vos parents et sur leurs conseils, dans la connaissance éprouvée des comportements humains, vus, appris, répétés, certes rendus faciles par vos dispositions uniques, mais reçus tout de même les uns après les autres en reprises régulières, attendus par de sérieux regards où passa l'exigence, et qui façonnèrent en vos gestes, l'art du bien. Ce n'est pas en vain si *Le Livre des Proverbes*, charriant de la part de Dieu les vérités primordiales, a pris soin de noter que « la route des justes est comme la lumière de l'aube dont l'éclat grandit jusqu'au plein jour ».

Ainsi, ô Marie, progressivement, par la voix des vôtres, vous avez découvert, mais aussi reconnu jusque dans vos fibres, qu'il y avait en vous plus grand que vous. À l'image du petit Moïse, beau comme un cœur, surnageant dans son panier d'osier sur les eaux du Nil, vous sentiez sous la prégnance de la grâce les bras du Père qui vous berçaient au tangage des mouvements de la vie. Il n'est pas, je crois, de don plus essentiel accordé à la créature que d'entrer dans cette évidence qui n'est plus notoire. Aujourd'hui plus qu'hier, les hommes ont la mémoire courte, faute d'ascendance ; ils ne remontent en leur histoire qu'au balbutiement de leur enfance ; au mieux, sur le divan, descendent-ils au liquide amniotique pour chercher les coupables de leurs vies blessées, mais peu vont plus loin, plus haut, au commencement de l'élan vital, tant ils sont effrayés à la seule pensée de dépendre d'un Autre, qu'il fût Dieu ou l'Amour. De ce fait, des pans entiers d'humanité, que l'on finit par croire génétiquement condamnés à suivre le mesurable immédiat, vivent en chauves-souris aux cryptes insalubres de leur destin pourtant royal.

Ô Marie, par grâce insigne, attachée viscéralement à la divinité, captive de l'Amour incréé, fixée dans l'union divine, éloignée par instinct de vous-même, lavée de toute prétention dominatrice, immunisée contre l'orgueil originel, morte à l'universel *moi* jouisseur, vous qui touchiez mystiquement Dieu à l'aurore de vos pas, l'âme et le cœur absorbés par la grâce déjà audible en votre parole enfantine, voyez notre misère acquise, reçue en legs mortifère, et qui, en soubresauts inconscients, se débat comme des corps d'agonisants privés d'oxygène. Il n'y a rien de plus établi et pourtant qui veut encore le croire ? L'homme excentré de Dieu manque de souffle et meurt à petit feu.

Pensant à votre enfance, et vous sachant déjà épouse, car l'Esprit Saint devait vous ravir sans consentement à l'état d'embryon, sans doute par inclination, mais aussi prémunie par l'éducation telle que je la conçois, sans risque de me tromper, je repère en premier lieu sur votre démarche où l'âme communément aime à se promener, la vertu de distinction, fruit de l'être et de l'exemple. Je commence donc par elle puisque c'est par l'apparence que tout apparaît, ô justesse de ce pléonasme divin ! Comme il était lucide, malgré ses troubles, le dandy Wilde quand il affirmait « qu'il fallait être bien superficiel pour ne pas juger sur l'apparence ». Et en effet, la vôtre exprimait le mystère. Il faut dire aussi, pour notre défense, que pour vous, les bras de Dieu descendirent si bas en votre conception naturelle, allant jusqu'à mordre sur l'acte de procréation, que tout, grâce à Dieu, fut instantanément recréé dans la lumière du premier matin de Pâques. De pied en cap, sur vous, l'air de Dieu se donne à voir. Déjà toute petite, dès l'âge de six ans, pourquoi pas ?, votre démarche ample et naturelle, simple et décidée, signait l'équilibre de la grâce habituelle. Ceux qui vous ont vue passer, haute comme trois pommes, aux ruelles de votre village, ne s'en remettent pas encore et le Ciel est rempli de leur témoignage. Amis, vous verrez que je dis vrai. Mais descendons plus loin.

En vous, Marie enfant, et c'est peut-être ici que votre séduction s'exerce, respire une étrange pauvreté, sobre comme un diamant solitaire ne semblant rien vouloir que d'être. Par là vous sortez de l'enfance qui, par instinct, accapare, veut, casse, et pire encore, accumule trophées et trésors, prenant soin – quel dommage ! – de les fermer à double tour en des coffrets d'égoïsme cachés sous les lits, soigneusement dérobés à l'envieuse attention de petits frères qui d'ailleurs font de même.

Inondée par un amour comblant, votre vie, belle enfant, se passait de tout ce que les hommes adoraient et adorent encore. Oui, votre pauvreté sonnait libre et joyeuse. Jamais ne vous traversa l'idée qu'il pût vous manquer quelque chose. Même votre Fils, une fois mort, ne sera réclamé de vous. Et cela parce que depuis l'enfance – et pourquoi limiter ce champ –, depuis toujours, vous ignoriez consciemment l'idée même de propriété. Ni les êtres, tout en les aimant très fort, ni les choses, tout en vous en servant, ne possédaient le quart de votre cœur et plus encore ne vous possédaient. Même votre amour, celui que vous portiez à Dieu, pourtant si intime et secret, pouvait être deviné par les yeux les moins clairvoyants. Quant à ce que vous avez appris, de l'alphabet, pour lire et pour écrire, en passant par mille petites réalités pratiques que vous dominiez d'un geste parfait, sans parler de vos contemplations les plus unitives, rien ne demeurait en votre esprit à titre de possession. Tout l'intérieur se tenait à la porte, en habitude divine, prêt au partage, et de votre Fils jusqu'à saint Jean, le veinard qui partagea votre vie, tout le monde en a bien profité.

Votre voix, je veux en dire un mot sans rien entendre de ce qu'elle fut, et pourtant, plus que celle de Jésus, les temps l'ont entendue. *Massabielle* et la *Cova da Iria* en ont gardé sur leurs rochers comme un écho se prolongeant dans la prière des hommes, afin qu'il soit possible, et c'est déjà beaucoup, d'en percevoir sur la durée, si ce n'est la couleur, du moins le rythme et l'insistance. À vrai dire, ô Marie, vous parlez au cœur un langage on ne peut plus humain – attraction maximale ! – et pour emballer le tout – maternel ! – ce qui n'a pas d'égal. Dieu l'a voulu ainsi pour ceux qui, orphelins ou prodigues, ont du mal à se tenir bien. Sans pour autant perdre Verlaine, votre voix « lointaine, et calme, et grave » n'a pas pour moi « l'inflexion des voix chères qui se sont tues ». Au contraire, sans timbre, elle m'attire plus encore, tant il est vrai que l'humilité s'écoute à la voix. Pas de coups tonitruants, pas d'affirmation de soi, nulle charge agressive en vos paroles ; même au nom d'un prétendu bien, le Verbe à venir obligea votre verbe à tenir sa douce place. Quand le comprendrons-nous ? Un seul mot dérangé, livré en pâture à la violence ou au relâchement du langage, déplace l'être en des régions marécageuses où le démon patauge à souhait. À vrai dire, petite Marie, ce qui vous a sauvée, certes, en bonne théologie, c'est le Christ, mais en saine humanité, c'est le silence où il vous a enclose, contemplative voilée bien avant que les monastères ne vous suivent.

Près de votre lit, à la « clarté de l'aube » entrevue tout à l'heure au *Livre de Proverbes* et qui vous va si bien, vous avez été formée, jour après jour, à rejoindre l'amour polarisant. Là, je vous entrevois, sans rien inventer, ce me semble, assise sur vos talons, déconcertante à notre nature instable, le visage enfoui dans l'invisible, sans autre secours que la foi embuée de courts éclairs, aussi docile et régulière que le dernier bébé du monde qui, tétant sa mère, se pend à la paternité de Dieu. C'est en ce travail d'amour, brodé sur la fidélité, retrouvé aux yeux graves et accomplis de vos parents âgés, que vous avez reconnu l'appel au don virginal. En ce lieu, qui pourrait s'immiscer ?

Les années vous ont gardée dans une enfance limpide, à la hauteur de votre être particulier, bien qu'autour de vous, comme il sied aux villages des hommes, sans être méchants, mais simplement redevables à leur humaine nature, d'aucuns enfantèrent du mal, et là, vous m'avez étonné. Mère, déjà, et pourtant si petite, vous sembliez pénétrer, au-delà des faits objectifs dignes parfois de condamnation, en des régions inconnues des coupables eux-mêmes, débusquant de votre intelligence avertie les circonstances souvent atténuantes qui rendaient compte de l'horreur. Sans que le démon ne fût victorieux d'un revers d'innocence mal conçue ou ne triomphe sous le vide nauséeux de la neutralité – car en vous, le mal, bien qu'absent, vous répugne –, votre chair indemne participait en esprit à l'abjecte condition dans laquelle, tous, nous sommes étranglés. *Compassion*, dit-on, sur tous les tons plus ou moins justes, selon les sages qui professent, de la pure religion, la nôtre, aux philosophies humanoïdes sur fond d'encens lancé vers des éthers sans nom. Une seule issue : quitter les vieux mots évidés de leur sens, et en attendant que de nouveaux surgissent, déplier les idées, sujet, verbe, complément, si l'on veut soustraire au naufrage verbal l'exact réel. *Compassion*, je dois donc vous lâcher, substantif incertain ! N'en prenez pas ombrage, il faut en convenir, votre état nébuleux ne parvient plus à traduire le sublime, et c'est pourquoi volontiers je vous retire au lexique marial. Pour dire la vérité, rien ne vaut au fond la bonne et vieille phrase, celle-ci par exemple, qui pourrait bien un jour finir en définition dogmatique : « Marie enfant souffrait nos maux, des présents jusqu'aux invisibles à venir, et en les souffrant, les broyait en préparation maternelle, avant que de les hisser enveloppés d'amour sur la Croix, où son Fils, vidé de son sang, allait se charger d'en finir avec le mal subi, avec le mal commis. »

Ainsi, blottie en cette lumière rédemptrice, petite enfant unique, ô Marie, vous sauviez le monde, à votre mesure, déjà « tassée, secouée, débordante », espérant de toutes vos forces que germe en terre la racine de Jessé, et qu'un nourrisson joue près du « repaire de l'aspic et au trou de la vipère ». Tout cela n'était pas de votre âge, seulement de l'âge du monde qui, malgré sa grandeur, ne mesure toujours pas ce qu'il doit à votre enfance.

II

Dans le temple du cœur

Et puis, il y eut cette certitude, longuement mûrie au soleil de votre intelligence dotée dès le sein maternel de l'usage de la raison, qu'il fallait répondre à cet amour qui vous tenait au ventre depuis l'origine. Embryon, vous ressentiez déjà – mais nous ne pouvons rien imaginer, la foi suffit à remplacer toute représentation – le bercement de Dieu, enveloppant d'un amour indicible vos cellules réunies pour la vie. Et vous pensiez alors, au sens strict du terme, malgré les haussements d'épaules de certains théologiens aujourd'hui séparés des plus antiques traditions, qu'il vous était impossible de résister à la brûlure d'un amour aussi renversant que libre. En vérité, à moins d'être une pierre – et encore ! – enchâssée dans un mur de principes et de peurs, bétonnée de considérations pseudo-morales, on ne résiste pas à l'amour quand il étreint. Chaque vocation, du mariage à l'érémitisme, n'est que la descente en terre humaine d'un rapt opéré par Dieu, voleur des âmes et par surcroît, de bien des manières, prince charmant. J'insiste : Marie pensait dans le ventre d'Anne, non pas à son état, car qui est en Dieu est éloigné de soi, mais à l'amour délicieusement convaincant, déterminé à l'emporter sans d'autre audace que d'être lui-même.

Plus grande, cet amour inconcevable aux esprits vendus à la déesse autonomie vous a poursuivie, attentif aux moindres mobilités de votre âme en colombe, légère et souple. Dieu ne conduit pas l'enfant comme il conduit le prêtre ou le vieillard. Quand le temps s'effiloche, réduisant l'espérance à quelques mois de sursis, ou quand l'âme assoiffée de Dieu cherche à monter dans le pur amour, sans gants, comme il se doit, les événements se bousculent, s'entrechoquent, plongent leur plume dans le sang rédempteur, écrivent presque sans soin les derniers appels. Tandis que pour l'enfance, rien ne presse. Les fondements intangibles fixés en dispositions, travaillés par quelques principes mis en forme aussi concrètement que possible, devenant rythmes, habitudes, tours d'esprit, autorisent en caresses multiples et variées l'action du Bien-aimé dont vous avez d'ailleurs bien profité. Comblée aux genoux de votre mère, suspendue à la barbe de votre père, autant dire choyée par la vieillesse séduite, vos premiers pas prirent l'allure de la souveraine noblesse, non pas celle que l'on octroie ou que l'on transmet, mais bien la nouvelle qui vient du Christ votre Fils et de ses mérites si largement infinis qu'ils ont pu par un tour de passe-passe tomber par anticipation sur votre tête et sur le reste.

Fine et délicate, c'est ainsi que je vous vois, sans artifice, aussi naturelle que la première création, diaphane en votre teint, c'est du moins mon désir, laissez-le moi, la foi ne risquant rien. En mon imaginaire, j'avoue que volontiers je vous enferme à l'extérieur de votre maison, cherchant ailleurs et par un chemin habituel cette chère solitude dont les anges raffolent tant elle est remplie de Dieu.

Vous voilà donc en pleins champs. Que faire ! Il vous fallait penser, suivre, rejoindre et savourer jusqu'à l'odeur du divin, et par conséquent, être seule, en un temps où les uns et les autres, en gènes nomadiques, vivaient serrés sous la chaleur d'une même tente. Dans le pré où je vous retrouve – l'image pourrait être gravée aux pages d'une *Histoire sainte* éditée sous le pontificat de Pie IX, au siècle de Don Bosco où la vie continuait de battre en poésie illustrant les versets de l'Écriture, ô que ce temps est mort ! –, je vous place, assise, vos bras retenant vos genoux sous les plis d'une longue robe, le dos appuyé à l'arbre de votre choix. Là, c'est étrange, mais il me semble que votre féminité s'estompe et que votre âge s'oublie. Quelque chose en vous de concentré, décelable sur votre regard et sur vos gestes maintenus, imprime comme un au-delà du temps, rayant au passage limites et déterminations. Bien sûr, vous êtes femme et dans le temps défini, l'incarnation du Verbe y tient, cependant, de tout votre être impeccable, vous allez plus loin, presque en dehors de vous, mettant à jour, comme un enfant découvre et enchaîne les syllabes, le dessein unique que Dieu écrit par votre vie. Notamment, vous avez déjà reconnu – et ces trois mots dans le cœur vous sont admirablement lisibles – l'appel de l'amour – et c'est à lui que vous pensez, exclusivement, sans inquiétude et sans délai, et sans plan particulier.

Le *comment* n'importe guère à vos yeux soumis ; l'amour est trop présent pour devenir futur. Certes, foisonnent en votre élan quelques idées, mais rien ne prend le pas sur l'amour qui conduit, pas même cette pensée entendue au premier âge de la bouche de Joachim, affirmant qu'il avait promis, si Dieu lui accordait un lys en son jardin, de l'offrir au Temple. En votre cœur scellé par grâce, comme en tout cœur humain d'ailleurs, nul ne doit intervenir avec ses gros ou moyens sabots, imprimant un choix sur l'âme en quête. Ici, l'intransigeance de Dieu se fait sentir, sa dureté n'a pas sa pareille, car il n'est pas de faute plus grave que celle de déposer en l'autre notre propre désir, fût-il assorti de raisons justifiables. Parents, prêtres, amis, sages et philosophes, après avoir donné conseil s'ils le jugent opportun, s'inclineront, telle est la loi de Dieu, devant ses imprévisibles vues. Du reste, Anne et Joachim, en saints, n'avaient osé aller plus loin. L'enfant grandissait sans plus entendre la promesse qui par un autre tracé s'en allait mûrir à l'ombre de l'intime.

Saviez-vous, ô ma Vierge, que des jeunes filles étaient en votre temps enfermées aux cellules du Temple au nom de la bonne éducation que leurs parents, à cheval sur la loi, rêvaient de leur voir enfourcher ? Oui, vous le saviez, mais aucune influence de nature temporelle, aucune opinion, aucun exemple précédent, ne parvenaient à induire d'un iota l'avancée de votre jugement et à donner élan d'une simple chiquenaude au moindre mouvement de l'avenir. Le Saint-Esprit, dont vous étiez déjà bien plus que l'épouse – mais, que voulez-vous, les analogies font défaut pour rendre compte de votre union réciproque –, assourdissait de son inimitable action toutes les voix humaines, trop humaines pour atteindre ne serait-ce que le seuil de l'intention divine. De l'extériorité, il ne convenait pas que vous receviez le mystère, car pour vous, être en lui revenait à être en vous.

Mais qui donc eût pu pénétrer cet abîme ou ne fût-ce que subodorer l'ampleur de l'emprise ? L'un de vos fils, parmi les plus courageux, le père Maximilien Kolbe, s'y est risqué à force de vous aimer, et donc de vous comprendre, faisant de votre Époux secret la vie de votre vie, l'âme de votre âme. En affirmant que votre être ne respira jamais hors du souffle divin, il empruntait, certes, un chemin mille fois parcouru par les saints les plus divers, des mystiques aux docteurs, mais il ne devait pas s'en tenir là. N'y tenant plus, son audace, ou plus exactement son cœur d'enfant, doublé de théologie apprise à genoux, s'en est allé penser que si l'Esprit Saint, par un dessein que le Père et le Fils n'ont jamais imaginé, se fût incarné, il n'eut pas été autre que vous-même. Ce propos surréaliste issu du vainqueur d'Auschwitz est en vérité d'une logique imparable. Mathématicien jusqu'au bout de l'intelligence, Maximilien a porté à son sommet l'axiome initial. Ainsi, Très Sainte Vierge Marie, non seulement ici par ce propos vous apparaissez sous votre jour le plus éclatant car le plus relié à la divinité, mais l'Esprit Saint lui-même, si mystérieux en sa Personne, par ses effets en vous, ajoute à sa révélation et prend visage. Qui veut bien ne pas vivre coincé dans sa propre pensée et croire en un développement continu de votre mystère offert à la contemplation des saints, saura remercier le franciscain polonais, héros de charité, d'être descendu si loin dans votre cœur avant que de l'avoir touché dans le bunker de la faim.

Il n'y a donc rien d'étonnant, ô Marie, que vous trouviez en vous, sous votre arbre, à l'heure la plus silencieuse, l'irrésistible appel à l'amour qui vous veut. Celui-ci, sans même se faire prier, tombe droit dans l'axe de votre être ; aucun face-à-face tant il vous pénètre, aucun voyage d'un point vers un autre, la grâce dominant vos facultés, la lumière rencontrant la lumière. Parfaitement isolée du monde extérieur comme aucune créature ne pourra plus y parvenir, vous vivez de l'amour absolu du Père, désirant son désir de vous avoir à lui.

Et le Temple apparaît… en rêve de colonnades, et cela suffit pour vous y conduire. Anne et Joachim, structurellement soumis, recevront de vos lèvres impubères la décision divine. En vous séparant du créé apparemment le plus porteur, Dieu promet à l'amour, qui vous comble pourtant au-delà de toute mesure, de se dépasser encore. Aussi pur et ardent que soit le foyer qui abrite une vocation, il faut un jour qu'il s'estompe, qu'il se retire, qu'il abdique ses droits les plus légitimes, et qu'il donne, qu'il donne de grand cœur, c'est là qu'il est le plus grand, l'enfant confié. Chez vous, ce soir-là, pas une remarque, pas un pleur, pas une question, Dieu donne et reprend, une prière seulement, la tête penchée en forme d'obéissance, et les mains de votre père sur vos cheveux, enserrant votre jeune vie d'une longue bénédiction. Puis vint la nuit, et votre joie de plus en plus intense, impossible à retenir sous le sommeil qui ne vint pas. Quelques jours encore, pour préparer votre départ ; ou mieux, l'indulgence de Dieu fait traîner les choses pour habituer la terre à votre absence, car autour de vous, parents, voisins, bêtes et fleurs, milieu divin, écrin marqué par votre personne, doivent aussi se préparer et demain s'en remettre.

Mais, mon Dieu, permettez ma question : pourquoi une telle séparation ? Pourquoi le Temple pour l'Immaculée qui le surplombe de toute sa densité de grâce ? Pourquoi cet enfermement en des cellules assurément sacrées mais humaines ? – Parce que la route commune est toujours la meilleure pour les destins exceptionnels ! Ainsi claque en moi la raison première qui vous pousse à quitter la maison paternelle sans compter le fameux verset de votre Époux troubadour qui fit mouche au centre de la cible : « Écoute ma fille, vois et tends l'oreille, oublie ton peuple, la maison de ton père, et le roi s'éprendra de ta beauté. »

De fait, en votre vie, nul besoin de conversion, nulle éducation à parfaire, nulle recherche ascétique en votre choix, le monde et son esprit, ne vous attirant pas, ne pouvaient pas vous atteindre : ce n'est vraiment que pour l'Amour que vous avez brisé le cours des choses.

Et voilà nous y sommes. Il y eut un jour, il y eut un matin : premier jour, et vous êtes sortie, paisible et décidée, comme à l'accoutumée, suivie de vos parents que je sens fiers de votre choix. Aujourd'hui comme hier, ils sont à la hauteur du don céleste ; leur fille unique ne déchire pas leur vie puisque c'est Dieu qui vous emporte. En marchant toute seule, sans donner la main à quiconque, vous m'impressionnez. Votre âge récent dont je ne dirai rien – Dieu pouvant être accusé de ravir une âme trop jeune –, ne confère à votre pas aucune fragilité. « Qui regarde en arrière n'est pas digne de moi », je jurerais devant les anges que cette parole vous a déjà été donnée tant elle accompagne votre regard qui pour rien au monde ne se retournerait sur la maison quittée. En cours de chemin, à l'ombre d'un saule qui ne pleure pas, une dernière galette de blé d'or et quelques dattes sont partagées – et c'est le Temple dont vous traversez maintenant l'esplanade. Quatre cents mètres pour vos petites jambes après ce long voyage dont je n'ai rien dit, faute de lumières inutiles.

Sous la colonnade du parvis des Gentils, c'est un bref et dernier baiser que vous donnez à votre père qui ne bouge plus. Vous avancez à présent, toujours d'un pas franc, comme si vous connaissiez par cœur la route et le lieu où vous vous rendez, marchant, il me semble, en direction de la cour orientale ou cour des femmes. Là, le temps se précipite, au milieu de la foule, je perds votre trace, vous êtes si petite, une porte s'est ouverte, aussitôt refermée. Je ne vois plus qu'Anne, serrant son voile au bord des yeux, revenant d'un coup sur ses pas, le regard contre le sol, aussi forte que la mère des sept fils du *Livre des Maccabées*.

La cellule est aussi pauvre que le Christ à venir. Et sans mal, et sans manque, et sans résistance ou supplique intérieure, vous vous pliez déjà aux ordres donnés, aux cadences requises, aux usages bientôt fanés. Aussi étrangère à la vie démoniaque que les anges pâmés de lumière, obéir ne vous a jamais coûté. Radieuse, sans d'autre attente que de combler celle de Dieu, vous n'avez pas pris le risque, bien qu'il n'y en eût aucun, de vouloir autre chose que le dessein divin en ses plus humbles détails, dont l'heureuse issue dépend de la libre soumission du cœur. Plus tard, vous soufflerez à mon père François de Sales, comme on place un trésor entre des mains d'enfants, cette formule aujourd'hui compromise par une humanité en mal de liberté : « Ne rien demander, ne rien refuser. »

Qui s'y risquerait encore ? Actifs, trouillards, combattants de la mort qui vient, s'empressent de réagir au feu de mille actions commandées par l'*ego* dans l'espoir de prolonger le parcours, si possible parsemé d'éclats de gloire, en certitude éhontée que l'on a fait quelque chose – tout seul ! En partant de l'obéissance aux événements, aux lois internes de la vie, aux plus humbles choses et jusqu'à la pluie qui nous empêche de sortir, on finit par trouver le bon chemin, le nôtre, le prévu, et – c'est le clou – par servir Dieu magnifiquement.

En notre temps où chacun exprime sa volonté de réalisation – et Dieu sait l'estime que je porte à l'individualité devant laquelle je m'agenouille – mais en la privant de toutes contraintes, de toutes idées reçues souvent très bonnes, tuant sages et prophètes, supérieurs et subalternes, sabotant toute idée d'inspiration, il en résulte que l'action divine est en péril, Dieu gardant les bras croisés, faute d'oreille qui dans le silence reçoive avant d'agir. Or, par l'obéissance consentie, l'intelligence est déliée de sa torpeur inefficace et confère aux actes à venir un envol digne de celui des aigles. À bons *ronronneurs*, salut ! C'est à cette fin, ô Marie, que vous vous êtes adossée à l'obéissance divine et à celle de la loi servie par des ministres aussi déficients que tout homme, mais par grâce, aussi obéissants que vous. Vous ne pouviez donc que grandir et c'est bien ce qui s'est produit sur les longues années que vous passâtes au Temple, fidèle au négligeable comme aux réalités les plus augustes.

Tout laisse donc penser que votre esprit appelant la lumière s'est réjoui au don de l'Écriture en sa diversité parfois déstabilisante, dont chaque verset, suivi de votre doigt d'enfant puis de jeune fille, a libéré vos puissances natives, déterminée que vous étiez à ne rien égarer de ce que Dieu donne et de ce qu'il attend. Là encore, votre docilité ne s'est point reprise ; la confiance étant de mise en votre être conquis, les écrivains sacrés sont devenus vos amis intimes, et derrière eux, l'Esprit, plus que jamais, votre Époux. Ceux qui s'imaginent aimer, tout en voulant rester eux-mêmes, libres de toute influence, y compris de l'être choisi, en se targuant de ne dépendre de personne, se mettent le doigt dans l'œil du cœur et mourront seuls ou mal accompagnés. Qu'il est bon de le redire, l'âme appuyée sur l'intelligence de la Vierge ! Chaque jour, ô Marie, vous avez parcouru Dieu, le suivant sur les lignes de vos parchemins, cherchant à le comprendre sous la voix des prophètes, à le surprendre sous celle des poètes qui peuplent le Livre sacré. Tout vous réjouissait, jusqu'aux paroles les plus sévères, bénissant votre Dieu, l'excusant à tour de pages d'utiliser les moyens forts pour sortir ses enfants de la médiocrité. Cependant, vous espériez, j'en suis sûr, au magma de la révélation disparate, quelques versets de plus que l'Évangile eût pu prononcer. Sur ce point, votre désir, déjà intimement mêlé à votre vie ouverte, sentant les mots nécessaires capables de ramasser le mystère divin en plénitude d'amour, hâtait la venue du Messie, *Beau Parleur*. C'est ainsi que j'aime appeler votre Fils, par l'un de ses plus beaux titres pourtant si peu donné ! Oui, comme personne, il a parlé dans le souffle des prophètes, ramenant le peuple au droit fil de la vie saine jaillie de la vérité ; il a parlé dans la langue du Baptiste, sans peur et sans détour, mais en le dépassant de sa grandeur ontologique unie à sa hauteur de vues ; il a donc parlé à la manière de Dieu, ne pouvant faire autrement, manière inimitable qui vous éblouit encore. La fréquentation des Écritures incomplètes, et par conséquent privées de salut, vous a plongée dans l'évidence que le Messie ne tarderait pas, et qu'il vous revenait de précipiter son jour en redoublant de ferveur.

En choisissant de ne pas vous marier, malgré la loi qui vous y obligeait en tant que digne descendante de la race davidique de laquelle le Messie devait fleurir, en jetant votre maternité humaine aux orties, vous aviez donc pensé, mieux encore désiré – et j'incrimine ici votre humilité proverbiale – vous exclure de la possibilité de mettre au monde cet être mystérieux et divin qu'Israël appelait du tréfonds de son âme asservie. L'essentiel pour vous, je le répète, était d'être à lui ; qu'importe que vous soyez en première ou dernière ligne ; fille du Peuple élu, vous n'aviez qu'une intention, celle de ne pas en avoir en vous imbriquant par votre cœur offert, à titre de pierre vivante, dans le mur du Temple abritant l'espérance des temps messianiques. Merveilleux abandon sans désir !...

– Mais comment ! je me trompe, me dites-vous ? – Ô Marie, pardonnez-moi, j'aurais dû m'en souvenir. Depuis le XIVe siècle – où donc ai-je la mémoire – sainte Brigitte de Suède l'a répété sur tous les tons, affirmant qu'elle tenait de source sûre, c'est-à-dire de vous, le seul désir qui vous étreignait : celui de vivre au temps de la venue du Messie afin de pouvoir vous constituer la servante de la Bienheureuse Vierge qui mériterait d'être sa Mère. C'est donc en cherchant ce visage virginal, en espérant l'atteindre, que vous avez, ô Vierge des vierges, guetté le salut promis. Décidément, que vous étiez loin de vous-même ! Au fond, c'est là votre grâce, le fruit primordial de votre conception immaculée.

En fondatrice de la vie religieuse, aux heures où les parchemins sont clos, vous accomplirez au Temple un travail que je ne cherche pas à définir. Il me suffit de vous savoir œuvrant, mains en avant, pour achever de me séduire. Je ne sais si c'est à vous qu'il songeait, mais cette pensée de François Mauriac me poursuit depuis mon ordination avec une telle insistance que vous ne devez pas en être loin. Souvent, je la redis à votre statue, vous retrouvant tout entière résumée sous ces trois mots : « Une main stigmatisée me touche moins qu'une main crevassée par les lessives. » Sur ce versant, sans effort, je vous surprends, traversant de part en part le Temple, manches retroussées, nappes et linges sur les bras, éblouir de clarté blanche ceux qui vous croisaient et jusqu'aux dalles du sanctuaire. Marie, vous avez toujours travaillé de vos mains : que ce soit entendu ! La vie contemplative la plus sérieuse impose cette ordonnance, et vous l'avez embrassée de toute votre joie, parsemant de prières, d'invocations multiples et toujours réfléchies, vos gestes répétés sur fond de sueur. Ainsi la prière en vous respire à grandes enjambées, embrasant et embrassant les actes de la vie, des infimes aux immenses.

Quand la nuit se rendait sur vos yeux cernés par des journées laborieuses et blotties dans le Père, lui dont l'effort consiste à épuiser ceux qui recherchent l'inestimable repos de l'âme, la prière s'engageait solitaire aux abîmes du corps éreinté, glissant de veine en veine sous la sève de la grâce, vous bâtissant orante jusqu'au bout de l'inconscient. En ce lieu séduisant mais barré d'un tour de clef donné par Dieu à la chambre nuptiale, c'est au seul ravissement de votre être que vous nous condamnez. Votre prière échappe, comme celle de votre Fils dont la vue laissait en suspens disciples et apôtres, brouillant encore moines et moniales, sans doute jusqu'à la fin du monde. Cependant, puisque incomparablement vous êtes humaine, sujette à recevoir aussi bien qu'à donner, vous sachant aussi simple que l'eau vive, la captant à l'entrée de la source bien que vous trouvant au ruisseau, j'aime à croire que votre prière connut l'heureuse extase des sommets, mais aussi, en vertiges, les solitudes effrayantes de la foi pure. Pour vous, peu importe le chemin, la méthode, la souffrance ou la gloire, la reine et la servante entrant toutes deux aux appartements du roi. À la fois sur le sol et transportée, mais toujours passive – car c'est là, le *la* de votre amour –, dans un silence présageant la mort mais qui n'a rien à voir avec elle, vous donnez à Dieu ce qu'il vous donne ; jour après jour, prière après prière, en recevant, vous rendez tout. Voilà votre silence enfin divulgué.

Quel étrange commerce pour une adolescente chatoyante de beauté, ordonnée par la loi à l'ensemencement du monde, que d'aboutir à cette retenue en forme d'incomplétude, que nous appelons du nom perdu de *virginité*. Dieu vous a tout pris, corps et âme, et de tout votre accord, en amoureuse, vous lâchez prise, pénétrant pubère au filet d'un amour invisible, sans pouvoir imaginer qu'un jour, de son élan créateur, il vous constituerait mère – et mère absolue.

Faut-il oser le redire ? On gagne infiniment à commencer dans l'ordre, par une préservation absolue, la vie dense, joyeuse et féconde que l'on espère. Que les fillettes continuent donc de rêver, que les jeunes filles patientent, que les femmes acquiescent, que les mères soutiennent, et que les pères obligent leurs enfants à le rester, évitant ainsi, par une rude autorité s'il le fallait, qu'elles filent trop vite aux lits des hommes où souvent l'on pleure l'amour gâché. Virginité, quand tu nous tiens, à tous les coups, tu n'enfantes pas moins que l'amour.

Marie, jamais comme aujourd'hui, sous votre exemple, au risque de surprendre, je n'ai saisi que votre chemin était commun. Au fond, vous avez emprunté le sentier prévu et balisé depuis la création du monde. De l'innocence au choix le plus réfléchi, serrant votre âge d'aussi près que possible, vous avez marché, lumineuse et sereine, attendant que Dieu marque les étapes. Ainsi, un jour, au Temple, sous un appel, doux comme une liberté, en murmure d'intimité, vous lui avez répondu : « – Oui, je serai vierge, mais pour vous, Seigneur, uniquement pour vous, parce que vous me le demandez, parce que cela vous fait plaisir, parce que vous avez envie qu'il en soit ainsi. Ce sont pour moi les raisons les plus surnaturelles que je trouve. » Que vous êtes belle, en disant cela, Très Sainte Vierge Marie, et attirante sur tous les fronts ! En inaugurant par votre corps offert l'âme de la virginité, l'amour prend son envol, clame ses droits, éclate en beauté purement humaine, assène aux pulsions errantes le coup de grâce qui les sauve en passant. Sur la terre comme au ciel, la loi est infrangible : tout commence par l'innocence, et qui veut la conserver pour un amour précis, fût-il Dieu ou homme, atteint le sommet de l'humanité nouvelle. Il est nécessaire de le dire aux enfants, surtout aux plus intelligents d'entre eux, aux plus dotés de cette indépendance de mouvements et de pensées qui, sur le temps, pourrait bien les conduire à précipiter leurs vies dans un chaos sans nom, écrivant à tours de bras mal donnés, un irréversible malheur.

Sans ouvrir des ravins sous leurs pas, sans brimer l'affectivité naissante, sans induire la peur du moindre geste de tendresse, et sans jamais compromettre leur liberté foncière, il conviendrait – c'est urgent – que l'on informât la nature humaine de l'existence d'autres chemins praticables par l'homme ordinaire et sensé, telle la virginité préparatoire ou absolue. Par la suite, que des êtres s'égarent, se trompent, s'aveuglent, dérapent, s'enlisent, disparaissent, meurent aux détours de prétendues amours souvent de jeunesse – et celles-ci portent bien leur nom puisqu'elles ne durent pas –, cela n'est pas notre affaire mais celle de Dieu qui sait s'y prendre pour tout reprendre, y compris le bonheur fané. Il n'empêche qu'avant le désastre, il faut parler – d'abord de vous, ô Marie, qui en protectrice de l'amour, dès le premier âge et la première bouillie, avez élevé la virginité en forteresse contre l'Adversaire pour qui le corps est de la chair à canon. Oh ! que la mort vient vite quand on ne parle plus !

Vous, Marie, vous qui n'avez connu ni le moi sensuel, ni les dédales de l'imagination mensongère, ni l'anarchie des passions, vous, pour qui la virginité fut une première nature, sortez-nous vivants de nos ornières congénitales, et faites-nous vouloir le meilleur que la société condamne de tous ses vœux. Nous allons gagner, pas de doute. Ce sont les minorités qui sauvent le monde et le *virginisent*.

En vous offrant au Temple, petite enfant posée, enfouie dans la Tradition, cachée sous la colonnade de la loi, livrée vivante à la déité invisible, centrée juste sous la source créatrice, dans l'ignorance générale, vous avez mis à sac les espérances étroites d'une humanité compromise jusqu'à la moelle, apportant pour la première fois de l'histoire à son Créateur, le tribut d'un amour aussi pur et absolu que vous.

Je vous laisse, il vous appelle.

III

À deux pour aimer l'unique

Du Temple, il fallait en sortir. « À vin nouveau, outres neuves » obligeait la Vierge à pénétrer dans l'Alliance nouvelle, à écrire de ses plus beaux pas sa belle histoire, loin des sentiers tracés et des relents de loi, fût-elle sainte.

Conduite bien plus sûrement que de coutume, vous avez regagné, autour de vos quinze ans, pleine d'Écriture et de maturité, votre village, ses gens, ses bruits, sans que rien ne vous importunât, choyée comme toujours de l'intérieur, Esprit contre esprit, par votre Époux. Et, comme si vous n'étiez jamais partie – Dieu ne séparant jamais que pour mieux unir –, vous avez repris votre vie, la vraie, l'ordinaire, celle de tous, qui plaît au Père. Même la joie de ceux qui vous retrouvaient ne connut pas d'éclat. Dieu vous redonnait aux âmes des vôtres aussi simplement qu'il vous avait enlevée, sans qu'aucune parole ne vous exalte, qu'aucun regard nouveau ne se pose sur votre vie préservée, ne vous ravisse à celui que vous aviez choisi pour éternel amour. Tous les saints, aussi grands soient-ils, et jusqu'à vous, dont la taille est sans mesure, sont protégés par Dieu de toutes pensées vaines, et par conséquent, délivrés de tout encouragement et de tout compliment. Sans nul doute, d'aucuns en cours de route en souffrent, vous non ! – sachant par expérience que le Père dans le secret se repaît de victoires cachées.

Partie la veille, et comme revenue le lendemain, c'est encore au travail que Dieu vous attend, ce sacré travail qui, bien vécu, nous sauve. Aux gestes de la vie, du ménage à la fontaine, des champs à la cuisine, du bois ramassé à la cave où vous l'avez rangé de vos mains adroites, bûche sur bûche sous les araignées affolées, servante du Seigneur, pour tous les jours, vous en avez porté le poids, régnant de toute votre légèreté de grâce sur les mécanismes de vie, pensés, voulus, forgés, par l'humble Créateur. Certes, votre cœur était ailleurs – et c'est ainsi que l'on s'en sort avec les travaux les plus lassants, voyageant en esprit vers le nouveau monde où Dieu, hors du temps mais horloge en main, promet son retour à jamais imminent. Moniale jusqu'au bout de l'intention – que Dieu me pardonne de vous réduire à cet idéal immense –, prenant chaque instant à bras l'âme, forçant le détail à donner le meilleur de lui-même, vous avez prouvé, bien avant l'incarnation, le souci de Dieu pour les choses périssables et le service qu'elles rendent à la mise en forme de la perfection. Enchâssée dans la vie courante, décidée au labeur silencieux, rivée à la gloire de

Dieu masquée sous la poussière des chemins, vous alliez, répétant au lavoir, aux étoiles, au secret de vous-même : « Je suis à lui, et à lui seul. » Quelle étrange impression ce dut être pour vous que de *suivre* et de *vouloir*, que de *choisir* et d'*accepter* sur un même mouvement, semblant devancer l'Être aimé qui pourtant vous surplombe de son éternel dessein ! En vérité, au jeu de l'Immaculée, Dieu s'est pris à son propre piège ; à peine avait-il le temps de former son désir que vous y répondiez sans marquer le moindre étonnement aux plis de vos sourcils. C'est ainsi que vous êtes, ô Marie ; et nous vos enfants, nous ferions bien, malgré les enlacements de nos psychologies détraquées, sur-inquiètes, indécises, de vivre enfin comme on respire, en recevant du Ciel la marche à suivre. Pourquoi ne le comprenons-nous pas ? Dieu parle aux impulsions de la vie ; il court sur nos rails tout en les dessinant – et file notre destin, enfin libre de se laisser emporter au-delà de soi vers l'inconnu qui nous ira comme un gant. Au diable les questions où l'on perd pied à force de marcher sur la tête ! – Sommes-nous libres ? – La route est-elle écrite ? Était-il prévu que... ? À Dieu la liberté de le suivre en écrivant tout seul notre vie.

Ainsi, intérieurement, c'est-à-dire, en lui, vous avez un jour pensé sans penser que pour dissimuler votre ardent secret, plus précieux que la consécration du Temple, il convenait de vous marier et de porter à sa plus haute densité celle qui vous unissait à Dieu depuis vos plus jeunes balbutiements. Vous marier, comme tout le monde ; sortir de la singularité, entrer dans le foyer comme on entre en religion, passer inaperçue entre les gouttes de l'interrogation, c'était à vos yeux l'idéal. Mais trouveriez-vous le *Joseph* dont vous aviez soif et besoin ?

Il a surgi sans coup d'éclat, charpentier de son état, à chaque village le sien ; le vôtre à l'allure droite et silencieuse ne pouvait que vous séduire. Car vous fûtes séduite. Petite, j'aime à penser qu'il vous avait souri, au moins une fois, comme il arrive en toutes les amours qui doivent bien naître. Sans jamais plus y repenser, car il ne s'agissait pas d'un appel mais d'une reconnaissance harmonique et mystérieuse (d'autant plus que vous n'étiez pas du même âge), voilà qu'aujourd'hui, sans l'avoir revu, vous pensez à lui plus que vous n'en rêvez. L'inventeur de l'amour a donc voulu que vous éprouviez ce premier appel sans pied, naissant à l'intérieur du cœur, poussé par l'intelligence qui de nature montre le bien.

Cette manœuvre de l'esprit lié au cœur, « l'intelligence cordiale » – comme se plaît à l'appeler le parfait gentilhomme, notre cher François de Sales – vous l'avez donc expérimentée – et je le dis sans crainte – pour la plus grande gloire de l'amour vrai. D'aucuns en seront peut-être surpris, mais en vérité – qui aime me suit –, rien ne peut faire davantage plaisir à Dieu que de s'occuper d'amour en y songeant. Ceci dit, je ne crois pas trahir le réel si j'avance encore sur ce terrain déminé sous l'exemple des plus grands saints qui n'avaient que l'amour pour idée fixe, en affirmant que vous avez revu Joseph.

Là, ma Vierge, je vous en prie, laissez-moi imaginer, l'espace de deux lignes, que ce regard prolongé et porté pour la première fois sur sa personne alors que vous passiez aux abords de son atelier, il n'en eut pas connaissance. En moi, l'image est très nette : l'homme Joseph travaille, portant planches et poutres, dans un silence retentissant – et elle s'en va, se multipliant sous mes yeux et sous les vôtres, comme les lourds madriers qu'il déplace à l'intérieur de sa menuiserie… puis c'est au tour des chevêtres d'être comptés à genoux à même le sol. C'est donc de dos que vous contemplez saint Joseph alors que le silence s'élève en s'amplifiant, faisant battre vos tempes d'un bonheur aussi neuf que vos quinze ans.

Vingt ans de plus, oui, je l'assure, Joseph a vingt ans de plus que vous, et puisque notre temps, bardé des plus saines préventions freudiennes, crie au scandale ou au déséquilibre, je signe pour ce couple atypique dont l'amour irrigue encore de sa clarté l'humanité tout entière. Il semblerait que les théologiens modernes ne veuillent pas faire de Joseph un vieillard, et ils ont raison ; à trente cinq ans, les forces ne sauraient manquer, mais quant à en faire un jeunot à peine plus âgé que vous, que Dieu me permette, pour le bien d'une époque empreinte d'un jeunisme idiot, de récuser cette anomalie grossière pour donner au plus grand saint de l'histoire sa hauteur, autrement dit la maturité qu'on lui connaît. Et puis qu'est-ce que l'amour pourrait bien trouver comme appui dans la similitude des âges ? Avouons-le : l'attrait de la chair neuve, passe encore, mais la possession de l'autre, si étrangère à son mystère, je ne puis m'y rendre ! Wagner et Cosima ont magnifiquement sauté à pieds joints sur ces conventions béotiennes, Molière et Armande Béjard ne les ont même pas considérées, et les trente-six ans d'écart qui séparaient le grand Charlie Chaplin de son épouse ne les ont pas empêchés de s'aimer très fort jusqu'à mettre au monde leur huitaine d'enfants. C'est dire que l'âge de Joseph n'a nullement gêné votre esprit, ô Marie ; bien mieux, votre cœur n'en a conçu que plus d'amour en songeant au soutien que vous pourriez un jour lui offrir, quand les rudes années feraient front en rides sinueuses sur sa face éreintée.

Pour l'heure, vous le regardez, j'insiste et je précise – sans qu'il ne vous voie –, mystérieusement attirée, non pas en vue d'un comblement, mais par l'être lui-même qui là, devant vous, sans se douter de rien, en ces gestes les plus sobres et décidés, séduit la femme immaculée sous un silence qui lui fait enfin lever les yeux. Tous deux, un regard, grave et lumineux, suffisamment appuyé sur le sérieux de la vie, puis une inclination de Joseph en votre direction, de même étendue que celles des moines au chœur, et vous filez, voile au vent retenue par votre main gauche serrée sous le menton, tandis que l'autre de sa paume touche le cœur, joyeuse de ce lien nouveau qui promet.

Depuis cet instant, vous avez pensé à votre saint Joseph comme on pense à l'amour quand on a quinze ans, et que le cœur bat juste, conscient de l'œuvre à accomplir pour la plus grande joie de Dieu. Il n'est pas interdit aux adolescents d'aimer (pour revenir à lui, la mère de François de Sales fut mariée à l'âge de treize ans !) – il leur est simplement interdit de jouer d'amour en se suspendant dans le vide à des bras de plaisir, abrupts ravins d'éboulis où qui s'y risque, meurt. Aux portes des lycées, nos pauvres enfants, pour la plupart de parents échoués, à l'appel des sens, s'encastrent l'un dans l'autre, conjurent le naufrage en faisant chavirer la chaloupe. S'en sortiront-ils indemnes ? Non. Heureusement que vous existez, Vierge Marie, et qu'en vous regardant, qui sait ?, un jour, au pied de l'un de vos autels, contemplant votre corps rayonnant de pureté, ils iront vous chercher, vous toucher, vous parler, pleureront aux plis de votre robe l'amour absent. À tous les coups, sous vos mots invisibles, ils verront alors nettement que votre joie d'éternité, blottie sous votre voile, est héritée de ce pur et premier regard posé sur Joseph, magnifié par sa réponse en inclination semblable à celle des moines.

Il n'y a rien à faire, le premier instant de l'amour doit donner le ton, celui de la belle attirance qui, loin de jaillir, malgré le sens commun, de la pure extériorité, se penche sur elle dans l'intuition que toute la personne est revêtue de cette sublime bonté qui donne au lien humain la chance d'une communion. Mais il reste encore à se connaître, et rien ne vaut ici le langage longuement écouté, de manière à reconnaître au contenu qu'il exprime et jusque sur l'art de la prononciation accompagné du geste accoutumé, la parenté d'esprit et de cœur qui demain fera l'amour. Aussi, ô Marie, vous avez décidé de parler à Joseph. L'entretien fut aussi bref que votre intelligence était vive à déceler l'excellence. Joseph était parfait, de la voix au sourire, de ses yeux francs à ses mains laborieuses ; rien ne vous surprit en lui, si ce n'est qu'il vous apprit, au détour de trois mots, son ascendance royale, de la maison de David, aussi droitement que les clous qu'il enfonçait chaque jour dans la charpente des hommes.

Joseph, aujourd'hui présenté en toutes nos églises, le corps bien droit, drapé de tissu médiéval, un lys à la main, l'enfant sur les bras, n'était pas encore dessiné de la sorte. Au jour de votre rencontre, il respire de labeur, poitrine transpirante, éclats de copeaux en bord de sourcils, barbe poussiéreuse, tenailles et marteau en bout de main. Et c'est ainsi qu'adoratrice du travail constant, vous le trouverez beau. L'homme des douleurs aura de qui tenir. Sans pouvoir s'attarder, mais laissez-moi le penser, Joseph vous a demandé la grâce de revenir le voir, comme vous la demanderez plus tard, dans une grotte insalubre, à la petite Bernadette qui n'attendait que cela. Vous non plus, ô Marie, comme l'humble bergère, vous ne vous êtes pas fait prier, tant votre amour déjà vous semblait venir du Ciel.

De cette deuxième rencontre, Anne et Joachim furent informés. Pas un mot de leur part – on les connaît ! – ni de crainte ni d'encouragement, préférant laisser à l'Esprit les mains libres et à leur fille, l'entier discernement. Admirables parents – il me plaît de le redire avant de fermer ce chapitre – dont la prière ininterrompue durant votre jeunesse fut le plus bel apport à votre chef-d'œuvre de vie.

Le lendemain, près de l'atelier, pourquoi attendre ?, vous vous êtes retrouvés, souri, assis tous les deux, au même moment, sous un arbre éclaté de bourgeons, sans autre cérémonial que le respect déjà commun. Avant que les mots ne dévalent, résolus, sans l'ombre d'une timidité, bénissant l'Éternel sur un psaume des montées, c'est encore le silence qui vous a retenus attachés sous une invisible nuée. Un même amour de Dieu, ça va de soi, aux proportions égales, étant sauve la grâce de chacun, vous poussait, bien mieux que l'un vers l'autre – l'un et l'autre, vers l'Absolu qui s'éprend de ceux qui le laissent faire. Oh ! que votre amour était immense ! Sans la lumière d'un geste, en ce jour-là – grand Dieu, qu'il faut savoir les retenir ! –, l'amour s'est installé au bon endroit, près de l'âme immortelle où les vrais amants se choisissent, non sur l'impact des traits, mais sur des cœurs tremblants de parentés, déjà infiniment unis.

Puis il y eut votre secret, dévoilé d'un coup, lancé depuis l'éternité aux oreilles d'un artisan plus écoutant qu'un apprenti dominé par son Maître. Consécration, virginité, prière intense, remise entière aux bras de Dieu et non des hommes, la tête lui tournait !, pauvre Joseph, plus homme et fils de Dieu que jamais, assommé par la beauté substantielle ! Mais d'où lui venait donc cet honneur qu'une vierge lui soit confiée ? Car c'est ainsi que la chose fut prise.

Joseph ne nous ressemble pas, il faut en convenir ; depuis le premier jour, vous comptiez pour lui bien plus que ses désirs. De ce fait, nul besoin de réfléchir, de gagner du temps, d'espérer autrement, l'Immaculée dont il ignorait le mystère, par ce secret confié, lui montrait sa confiance, son attente, et celle de Dieu – et cela lui suffit pour le dégager d'en-bas. Aucun effort, aucune lutte, chez cet homme sain, pour dire *oui* à sa condition nouvelle, celle d'avant la Chute où l'être aimé passait devant soi.

En vous levant, les mains jointes collées sous votre visage souriant, très simplement vous l'avez remercié d'être au rendez-vous de Dieu, et c'est en amoureuse que vous avez couru vers la maison paternelle où Anne et Joachim vous attendaient confiants. Ce soir-là, personne ne posa la moindre question. Votre joie répondait. Dans les jours qui suivirent, plusieurs fois, Joseph vous a rejointe. Toujours revêtu d'un infini respect, il pénétrait dans votre mystère de vie, s'émerveillant de l'étrangeté de Dieu à mesure que vous lui dévoiliez votre être asservi à la divinité de l'amour.

Mais voici le plus étonnant. Un soir, sur un élan qui le rapprocha de vous, il vous confia, ses mains nouées dans les vôtres, que l'idée même de consécration avait par le passé souvent frôlé son propre cœur sans qu'il ne sût vraiment par où la prendre et la servir. Cet aveu, murmuré à mi-voix, à qui veut bien le mesurer, encerclant d'un compas divin non seulement l'homme mais l'intention divine, permet de comprendre le trop long célibat de Joseph, homme parfait aux qualités indépassables, et l'ascendant immédiat que vous avez exercé sur lui, vous qui veniez directement de la source à laquelle, au fond, il rêvait de boire. Ainsi, pénétrant votre consécration, emporté par elle, il allait épouser en vous le Créateur, et par un abandon sans limites, se constituait volontairement prisonnier de l'amour gratuit.

Vous marier, oui, vous marier – quelle singulière idée ! En vérité, quelle idée géniale à la portée du cœur de ceux qui voulaient enfouir sous la route la plus commune, l'insolite appel à la virginité sacrée ! En vous glissant au lit de Joseph dans lequel vous n'êtes jamais entrée, vous alliez pouvoir, dès vos quinze ans, vivre en secret, protégée par un époux, les noces éternelles. Il fallait être Dieu pour commettre une telle imprudence ! Jamais homme n'aurait pris pour moyen le chemin opposé pour atteindre son but. Oui, il fallait être Dieu, posséder les âmes, connaître les corps, pour insuffler un tel désir en les brisant tous. Joseph et Marie, transportés de bonheur à l'idée de vivre ensemble sous le toit de Dieu, ne savaient plus garder leur joie. Tout le village en profitait, les observant de loin, jaloux de leur bonheur, et ce fut idéal pour en cacher la cause. Jusqu'au bout, le mensonge a primé. Que voulez-vous, parfois, il faut que Dieu s'y mette, « prudent comme le serpent, simple comme la colombe ».

Désormais, la promesse, scellée par l'accord des deux familles, sanctionnée par les fiançailles, allait bon train – le sien – heureusement formée de rencontres successives, de paroles inoubliables, de regards plus assurés que les gestes, d'émotions aussi lointaines que brûlantes – et le tout pour rien au monde abrégé. En vérité, en vérité, je vous le dis, il faut être fou pour ne pas aimer les prémices, ou peut-être malheureux, privé depuis trop longtemps d'amour, pour se jeter sur lui au risque de l'éteindre. Ce temps des fiançailles dont notre époque se moque éperdument, sans doute par dépit, ce qui est fort pardonnable, retrouvera bientôt, je pourrais le jurer, sa place de témoin face à l'amour demain jugé coupable d'homicide volontaire sur lui-même. Et les quelques amours d'antan, sagement construites, auront leur mot à dire, et ce mot *fiançailles*, proclamé à la barre, charriera le tribunal entier, de la partie civile à la défense, sur la voie de l'innocence, porté par les vivats des enfants qui ne veulent plus souffrir. Là, faits en main, sous l'avalanche de millions d'échecs en dossiers accumulés, tout sera clair, et l'avenir peut-être aura un nouveau jour.

Mais à présent – car aujourd'hui, nous en sommes là ! –, qui voudrait encore bien croire que l'amour se reçoit, se pense, se déploie, s'édifie, se décide et surtout se choisit ? À force de laisser à l'instinct l'amour, croyant le palper au seul degré de l'émotion sensible, quand surgit la rencontre avec l'être espéré, l'attrait devenant maître du jeu, et c'est l'épreuve, l'assentiment se perd sous les méandres de la matière périssable. Et le corps, pourtant si vital – mais à sa place –, en conseiller fallacieux, dicte sa loi mortifère, s'imaginant du haut de son indéniable séduction être le lieu de l'amour assuré. Il serait si simple et bienheureux d'attendre… non pour honorer une quelconque morale dont les volutes passées, ô combien précises et socialement reçues, cachaient mille faiblesses, pour ne pas dire, mensonges à l'état pur – mais pour sauver l'amour, tout simplement. Attendre, et *voir* de tous ses yeux, ce n'est pas interdit, chaque aspect de l'être aimé, de son allure à son esprit, de sa voix, j'y reviens, car elle résonnera jusqu'au bout de la vie, à sa bonté personnelle, qui doit être, je vous en conjure, de même nature que celle de Joseph et de Marie, ce qui revient à dire démesurée. En passant, vérifiez aussi l'humilité, signe indubitable d'intelligence, au moins dans sa potentialité, car il n'est rien de plus éprouvant que de vivre avec l'imbécillité d'un air gonflé de futilités mondaines, qu'elles visent la réussite sociale à obtenir à tout prix, ou relèvent de je ne sais quelle supériorité ouvertement exprimée. C'est dans le fond de l'être concret, et dans le fond seul, que la valeur se trouve. Il faut aller la chercher, excaver le cœur et l'esprit jusqu'à toucher les fondations secrètes, et en dégageant les gravats qui inévitablement s'accumulent en toute vie perfectible, trouver l'embouchure de la source.

En arrivant sur ce lieu, faites une pause et surtout n'appliquez pas les lèvres. Le baiser étant un acte irréversible, vous ne pourriez plus retourner en arrière, et comme il s'agit de choisir et non de se laisser entraîner, à l'école de Marie qui m'écoute en cet instant où j'écris du haut de mes revers et de mes joies, savourez la personne entrevue, perdez du temps à la voir exprimer ce qu'elle est, jouissez, conseil d'ami, de sa seule présence et non de la tendresse qu'elle pourrait vous donner. « Qui est-il ? – Qui est-elle ? » en voilà des questions ordinaires dont l'amour le plus fou ne doit pas se passer. Peuples de cinglés que nous sommes ! nous qui mettons plus de temps et d'attention pour l'achat d'une voiture ou d'un appartement que l'on en met à choisir sa compagne ou compagnon de vie, mariage compris. Folie ? Non ! Ignorance du chemin. Sauf exception, qui échoue a mal choisi, ou n'a pas choisi du tout.

Marie, je le soutiens devant vous, et je vous vois me sourire, et serais prêt à le soutenir devant votre Fils qui, j'en suis sûr, me soutient déjà : il n'y a rien de moins instinctif que l'amour. Ce qui nous trompe en cette matière, nous faisant croire le contraire, c'est que la première rencontre, par un pouvoir occulte à l'allure percutante, saisit en effet de toutes parts, et laisse donc penser que la synergie est au rendez-vous, que l'harmonie est au bout de la moiteur des doigts, en un mot, que l'amour se pointe. Certes, il est possible qu'il y vienne, et qui ne le souhaiterait pour tous, mais captifs de la sorte, croyez-moi, il est préférable, sans tuer l'inégalable romantisme que tout amour doit connaître, de garder – l'image commune est excellente – la tête froide. L'être aimé ne se dévoile pas au premier instant. S'il appuie fortement sur le sensible en le garrottant, c'est uniquement le signal intérieur qu'un contact s'est établi aux souterrains des inconscients, rejoignant leurs soifs, des plus limpides aux plus fangeuses. Et bien que ce ne soit pas rien, ce n'est pas pour autant beaucoup.

D'un premier regard qui retient, happe, et persécute, à la vie commune qui unit les êtres en un destin semblable, l'ai-je dit suffisamment, il faut un sacré temps, plus ou moins étendu où s'éclaire, en touches successives, le réel non modifiable de l'aimé, autrement dit les cellules souches de son être auxquelles chaque jour il faudra se frotter. Dès le départ, et je vous remercie, ô Marie, de m'encourager à le dire, une conviction doit nous étreindre avant toute étreinte, c'est que la personne aimée, en ses grandes lignes, ne changera pas. Telle je la vois, telle elle sera dans cinquante ans, et tant mieux qu'il en soit ainsi. Cette stabilité de l'être en mouvement confère d'ailleurs au choix toute sa valeur et toutes ses chances. Bien sûr, en cours de route, sous les épreuves, les lumières et les grâces, des conversions peuvent sonner, des habitudes nouvelles peuvent prendre forme sous les assauts de certitudes greffées ; des progrès en tous domaines peuvent jaillir, inattendus. Cependant, cette perspective de changement ne doit absolument pas jouer à l'heure du choix qui, chez les êtres rageusement amoureux et aveuglés par la présence d'un amour palpable, tend à mettre entre parenthèses d'inconciliables données, espérant toujours l'inespéré qui pourtant risque bien en moineaux des rues d'échapper pour toujours à la cage.

Quand je vous contemple, ô Marie, à l'aube de la vie commune qui vous attend, que vous regardiez Joseph ou que vous lui parliez, que vous viviez au présent ou sur l'avenir, n'en déplaise à tous ceux qui répètent que la différence est de mise, je perçois entre vous un accord, un accord parfait, où viennent s'entremêler mille conceptions communes en vue d'un unique projet, chacun, selon le grand conseil du futur Paul, « estimant l'autre supérieur à soi », ce qui est encore parfait, car sans admiration réciproque, mais qui le sait encore ?, dans l'œuf de l'amour : la mort.

En cet instant où vous m'inspirez, ô Vierge des vierges, mais aussi à force de vous fréquenter à la lueur de vos autels, tout en vous pressentant sans vous toucher, je comprends simplement que l'amour doit au départ *aller de soi*. S'il faut longuement tergiverser sur fond de pleurs ou d'hésitations, pour qu'un lien apaise et rassure, il convient de se retirer au plus tôt, voilà votre conseil, quelle qu'en soit la douleur et malgré la force de l'attachement, de manière à éviter ce qu'il faut nommer l'effroyable malheur. Nous sommes créés pour aimer, et en ce lieu, l'échec se fait malédiction. Quant au choix de la personne, revenons-y – car il s'agit de se choisir, et pas seulement en se sentant comme les chiens qui n'ont à leur disposition primaire que ce recours –, il doit advenir par une connaissance approfondie de l'être aimé, aussi facile à obtenir que l'on a du flair à comprendre ce qui ne nous unit pas. Toutefois, ici, ne nous y trompons pas. Ce choix, fruit d'un jugement mûrement élaboré par l'intelligence, malgré son allure froide et réfléchie, n'a rien pour effrayer les âmes affectives. Le sensible est convoqué, l'émotion est du voyage, le cœur se presse au rendez-vous de l'analyse, dictant ses impressions à la tête qui raisonne ou plus exactement, reçoit l'ordre divin, sous un tournoiement de joie sans faille. « C'est lui ! C'est elle ! » crie sans effort la voix intérieure, « Je le reconnais et je le prends en toute son ampleur, de ses tares à ses grâces ! » Cloué sur cette évidence, croyez-moi, il faut encore attendre, et savourer quelques jours, voire quelques mois, cette certitude enfoncée dans l'âme avant que de basculer dans la vie commune où le bonheur se recueille plus qu'il ne se construit. Vous-même, ô Marie, divinement éclairée comme aucune intelligence ne parviendra jamais à l'être, malgré l'impeccabilité de Joseph, vous avez attendu que l'appel intérieur soit aussi net et sacré qu'un verset d'Écriture, pour vous livrer de toute votre âme à l'amour diamanté.

Dans quelques jours, vous vivrez avec lui, tout est fin prêt pour que Dieu mette sa main.

IV

Le ciel pour embryon

Marie, ce jour-là ne fut ni le plus beau, ni le plus dense, ni le plus surprenant de votre vie. Il avait commencé aussi humblement que vous sa journée, enveloppant de clarté le sol des hommes, pénétrant pièce après pièce chaque maison, réveillant le courage de se lever encore et d'affronter la vie dure et régulière des pauvres d'Israël. Au saut du lit, en adorable prière, le Père était salué, premier servi, avant que d'accomplir sa volonté se confondant sous le travail à faire. Pas d'état d'âme pour ceux qui luttent avec le jour qui se lève, et qui, trop tôt, pour eux, se couche. Dans la cuisine, au lavoir, dans les champs, le temps court – et galopent les mains agiles, sans autre joie sinon celle de répéter les gestes salvateurs d'un quotidien béni par le Très-Haut. Ce rythme, superbement cadencé, loin d'agiter l'être, le stabilise, et même le fortifie, musclant la volonté en lui donnant des ailes.

C'est un secret que les humains égarent : le repos n'a pas le pouvoir de reprise ; de tout son endormissement, il conduit la bonne fatigue au paroxysme de la faiblesse, rapprochant de la tombe ceux qui par malheur se laissent exhorter par lui. Dormir ce qu'il faut, qui n'en serait d'accord ? Mais pas plus ! Le risque est grand de s'éteindre en peurs imaginées et surtout, de perdre l'élan, car la nature carnassière a besoin de combats et d'obstacles à franchir pour se porter au mieux de sa forme. Qui trop écoute son pouls finit par l'entendre gémir en vieille horloge promise à la casse. Vous, Marie, vous avez ignoré la tentation sournoise de la préservation ; jamais vous n'avez pensé, l'ombre d'une seconde, que le temps consacré au travail éprouvant pouvait ruiner la vie. En votre temps, il allait de soi que l'on s'épuise, et c'est ainsi que la vie durait, ne paraissant jamais donner l'impression de s'enfuir. L'enfant tout neuf prêtait ses mains aux travaux des champs, la jeune fille se donnait sans compter aux labeurs de la maison cependant que les vieillards savaient encore leur utilité, bêchant la terre à grands coups de pioche entre leurs jambes arquées par la frêle misère, ou écossant les fèves, nettoyant les dattes, brisant amandes et noix, les corps assis et recroquevillés dans le désir de servir encore de leurs mâchoires serrées. La mort est non-mouvement, qui se le dit se bouge, et ne perd pas une seconde pour faire suinter la joie de respirer la vie.

Si bien que ce matin-là, ordinaire entre tous, ô ma Vierge, vous avez travaillé d'arrache-cœur, rangeant la maison, lustrant le sol, lavant le linge, préparant le repas du jour, tout en souriant à vos parents âgés de votre irradiante conception des choses. À midi, deux pas vers votre chambre, juste à l'heure de l'*Angélus*, pour déposer votre tablier et vivre un dernier baiser en direction du plancher, car c'est plus fort que vous – humble et amoureuse jusqu'au bout du corps. En vous relevant, une voix sonore, aussi claire qu'un tonnerre présageant l'orage, tombe sur vous : « Salut, comblée de grâce, le Seigneur est avec toi. » Ébranlement de vos genoux sous vos yeux qui s'entrouvrent à la beauté blanche d'un ange inimaginable. Inutile de vous frotter les yeux, il est là, devant vous, pastellisé de gloire, souriant d'évanescence, cherchant à limiter votre peur qui ne vous empêche pas, soit dit en passant, de méditer déjà la salutation reçue.

Marie, vous êtes incroyablement réfléchie, dominant le sensible jusqu'au plus écrasant ; à la croix, ce sera manifeste.

« Salut, comblée de grâce, le Seigneur est avec toi. » Que les anges sont clairs avec la plus saine doctrine ! À l'aube de l'incarnation – c'est fou ! – ils en ont plein la bouche de cette entourloupe faite au Démon, de cette plénitude de grâce qui vous délimite et vous sort du champ commun où gisent à moitié mortes les âmes en voie de relèvement.

L'archange sait votre royauté sur l'univers, averti bien avant la Chute par le Père lui-même de votre position unique au sein de la Création. Certains mystiques, et pas des moindres, sont même allés jusqu'à penser dans l'Esprit Saint que l'annonce de votre pouvoir régalien à venir fut la cause de la révolte de Lucifer, refusant de s'agenouiller devant l'humain de nature composée, jugé impur en vertu du mélange. En revanche, les bons anges, dont Gabriel entre autres fut fédérateur, depuis des siècles, n'ont cessé de se réjouir – et pourquoi ne pas le dire : l'impatience n'est pas toujours suspecte ! – attendant que frappe l'heure où ils pourraient enfin et tous ensemble entrevoir votre personne.

À la déception générale, bien vécue comme il sied aux créatures sanctifiées, un seul fut désigné pour vous rejoindre, et ce fut Gabriel, qui maintenant vous fait face, provoquant non la peur, mais la stupeur. Vous surprendre ne lui plaît guère, et c'est pourquoi sans attendre, il enfourche le mot juste qui rassure : « Sois sans crainte, Marie, car tu as trouvé grâce auprès de Dieu : voilà ta couronne où s'établit la préférence divine : tu plais au Père entre toutes les femmes mortes et à venir. » En cette seconde, ô Marie, aucun retour sur vous ne s'observe, la surprise s'estompe sous la volonté d'écouter la voix qui vous enseigne. Le Père en est ravi, il n'en attendait pas moins de votre humilité génétique, et c'est donc rassuré, sous des ailes d'ange qui ne tremblent pas, qu'il se risque à vous confier la naissance de l'Emmanuel. « Voici que tu concevras et enfanteras un fils, et tu l'appelleras du nom de Jésus. Il sera grand et sera appelé Fils du Très-Haut, et son règne n'aura pas de fin. »

Un fils pour vos entrailles, ô ma Vierge, à concevoir dans l'âme, à porter aux viscères ! On croit rêver, sauf vous. À cette nouvelle, conjuguée au futur proche, avec la sécurité que donne ce temps, vous ne pouvez que vous soumettre au choix divin, écoutant sa voix, comme vous le ferez toujours, en la recevant plus qu'en la mesurant. Cependant, une question vous assiège : c'est le ventre qui parle et non la foi qui défaille : « Comment ? Comment allez-vous vous y prendre, ô Père increé, pour jeter votre semence au creux de mon sein ; je ne connais point d'homme, et, vous le savez pour le vouloir, n'en connaîtrai jamais ! Vous avez béni ma promesse, celle d'être tout à vous, en virginité consacrée auprès du pur Joseph que vous m'avez offert. Comment cela sera-t-il donc ? Par où viendra l'enfant ? – L'Esprit Saint surviendra sur toi, et la puissance du Très-Haut te prendra sous son ombre. »

Dieu ne pénètre pas les êtres – et vous vous en émerveillez – à la manière humaine, cherchant pour soi, à l'endroit même où la vie éclot, un quelconque plaisir, fût-il légitime. L'amour, le véritable, l'abouti, encore une fois, en se donnant, ne garde rien, si ce n'est la délicatesse avec laquelle il opère et qui le glorifie. Vous voyez, et maintenant, vous le sentez, l'Esprit Saint, loin d'entrer dans la virginité promise, surplombe votre corps, passe en l'âme, cherche le consentement aussi sobrement que l'amour va de soi. Désormais en silence, pour ne rien égarer des paroles divines, vos yeux se ferment en abîme de contemplation sur le vide de la foi qui vous oblige à la confiance. C'est là que vous apprendrez sans secousse ni étonnement – au point où vous en êtes – que votre vieille cousine, stérile à jamais, était enceinte de six mois. Fallait-il qu'après cette annonce Gabriel ajoutât que « rien n'était impossible à Dieu », je ne le crois pas, votre foi n'en avait nul besoin, mais que voulez-vous, pardonnez à l'ange, il le disait pour nous.

Puis il y eut votre mot, en inoubliable formule, plus fondé qu'un *oui* qui n'aurait pas convenu à la hauteur de l'événement. Si votre première parole recueillie par l'Esprit Saint dans l'Écriture : « Je ne connais point d'homme » clamait votre choix de vie, la seconde en disait le mystère le plus défini : « Je suis l'esclave du Seigneur ; qu'il m'advienne selon ta parole. » Deux mouvements, l'un, élancé à l'extrême, vibrant de détermination volontaire, follement désireux de correspondre à la grâce entrevue – et ainsi résonne : « Je suis l'esclave du Seigneur ! », du moins pour ceux qui se plaisent à unir amour et don de soi sans exiger d'autre droit que celui d'être aimé – ; le second, en forme de parfait abandon déposé sans réserve au bras du Père : « Qu'il m'advienne selon ta parole », car sans passivité, les possibilités laissées à l'être choisi pour combler sa bien-aimée se retrouvent amoindries et risquent bien de mourir enlisées sous la triste autonomie dont les revendications outrancières donneront un jour ou l'autre sur la solitude.

S'il appartient donc à la nature de l'amour de répondre à un appel lancé – de l'élan, oui, il en faut, vigoureux et ardent, si l'on veut qu'il se déploie –, qui en manque, condamne par contumace le lien à la mort prochaine. Qu'on se le dise ! Et si la passivité ne prend pas sa place, c'est-à-dire la seconde, frôlant en jumelle la première, paradoxalement l'équilibre est rompu, déplaçant les sexes en des régions nouvelles, celle de l'inhibition pour l'homme, celle de la non-protection pour la femme. Qu'on se le dise encore ! Aujourd'hui, en notre siècle, l'élan n'est pas premier ; les êtres persistent en leur lien autant qu'ils le peuvent, au seul motif *qu'ils sont bien ensemble*, comme ils disent, mais en beaucoup, le courage absent, l'engagement redouté, prouvent la fébrilité du zèle et de l'ardeur dont pourtant leur amour est assoiffé.

Je plaide donc pour la passivité volontaire – pourquoi ne plus y croire ? Où donc s'en est allée cette pierre angulaire, précieuse entre toutes, joyau de soutenance, sertie au souterrain des amours les plus éternelles ? Marie, vous n'avez manqué aucune de ces deux marches, et c'est ainsi que votre amour devint fécond, dans l'âme et dans le corps.

La vision s'est éteinte, aussi brièvement qu'un clin d'œil, laissant seulement à votre cœur battant l'irrégularité pour quelques instants. Le repas est servi et vous vous y rendez. La prière débute près de vos vieux parents, qui debout, sur la soupe fumante, bénissent l'Éternel comme au premier jour du monde. En voyage intérieur, ainsi va Dieu, produisant ses œuvres les plus stupéfiantes, les cachant avec fierté aux sages et aux puissants. La soupe est bonne, et l'esprit ne voltige pas. Vous préférez le service aux raisonnements qui s'emparent trop souvent des grâces reçues. Le repas terminé, après avoir conduit vos parents jusqu'à leur chambre, et tiré le rideau sur leur vieillesse qui prend encore en mains un parchemin de psaume, sans l'ombre d'une précipitation, malgré la joie qui vous étreint, vous regagnez votre cellule, et contemplant l'endroit précis où l'ange apparut, délimitant ses contours sur le mur éteint, à genoux, vous descendez humblement en vous, jusque-là où le Verbe est entré.

L'abandon se poursuit, vous vous suspendez à lui, seul fil d'or dont vous percevez déjà, sans effort, qu'il désaxe l'envol de votre prière, la sortant du Ciel pour l'enfoncer en plein ventre. Vous ne pouvez désormais faire autrement que de vous en aller vers le centre de vous-même où palpite en secret l'Être éternel depuis à peine une heure. Plusieurs fois, les paroles de l'ange regagnent votre mémoire sans toucher l'imaginaire (le médiateur importe peu à vos yeux préservés), les mots repassent aussi précisément que l'Évangile les redonne, car votre attention est extrême autant que votre amour est finesse. Dieu ne permet pas qu'une virgule se décale, l'histoire des hommes en dépend. Les textes sont sacrés, l'inspiration traverse jusqu'aux silences qui séparent les idées ou les unissent.

Au langage, nous devons tout – et vous le savez comme personne, ô Marie, vous qui avez gardé chaque parole de Jésus, même après son ascension, comme un reflet vivant de sa personne, les mots s'asseyant à la table de votre cœur aussi réalistement qu'il est en cette heure caché en votre sein. Intérieurement, tout est conservé, imprimé, scellé au plus intime, et vous ne cherchez pas ce qui manque mais ce qui fut donné. Sans nulle inquiétude, ô Très Sainte, même pour Joseph dont l'ange n'a pas parlé, vous n'avez pas frémi, bien que cela vous coûte de ne pouvoir lui dire l'œuvre annoncée. Il est votre époux devant la synagogue, il est l'autorité de Dieu sur vous, il devrait tout savoir, il pourrait tout entendre, et mieux, tout recevoir d'un beau sourire de foi. Mais l'ange qui sait tout, n'a rien dit, si ce n'est le nom de l'enfant, sa mission et sa gloire escomptée, et celles de sa mère déjà actuelles. Aussi, vous n'ajoutez rien de vous-même, ni dans les faits, ni dans les développements possibles, fussent-ils légitimes. Il vous suffit d'obéir et de jouer strictement votre rôle, sans d'autres volontés que de le bien jouer. Le Père saura bien répondre à l'amour de Joseph, cercler son cœur de pare-feu si le désespoir prenait flamme, pour l'heure, il faut marcher… et partir – cette idée, d'un jet, vient de traverser votre esprit – partir, oui, partir pour Ein Karem afin de soutenir Élisabeth dont le nom, en voilà un, fut prononcé par l'ange. Ce nom jeté sur l'avenir, n'est-ce point là l'écho de la délicatesse de Dieu indiquant de son doigt d'ange un chemin que l'on doit suivre, certes, ne l'imposant pas, bien que les mystères du rosaire fussent à construire ? Assise, en bord de prière, à l'angle de votre lit, l'intelligence en avant, réfléchissant de tout votre être à la route à prendre, telle, je vous conçois et vous vénère.

De temps en temps, laissez-moi vous le dire, ô Vierge Marie, que vous êtes belle, livrée corps et âme à cet amour divin qui vous enjôle. Et comme je comprends le pseudo-Denys, un jour gratifié de l'une de vos apparitions, affirmant que si la foi ne lui avait pas appris que vous n'étiez qu'une créature, il vous eût adorée comme une divinité. Si vous le permettez, je m'assois quelques instants près de vous pour me remettre...

Votre décision est prise, la charité vous presse, de l'intérieur, et c'est nouveau, sans que vous ne parveniez à éprouver la moindre crainte, ni pour vous, ni pour l'enfant. Les dangers vous fuient, les inquiétudes, les précautions vous sont étrangères ; vous ignorez ces rivages où s'abattent en rouleaux les éléments de la nature insoumise, brisant pourtant en chacun de nous, et sur chaque acte, les ardeurs les plus décidées. Libre de ne plus penser à vous – quelle grâce ! – vous débordez de confiance, que peut-il arriver ?, vous portez votre Dieu comme il vous porte en lui. Alors, sans attendre, voici le temps d'un au revoir posé aux joues fanées de vos parents compréhensifs à outrance, et celui de serrer votre voile – et vous voilà partie, pieds nus dans vos sandales, en robe large et tombante jusqu'à terre. Un détour par l'atelier de Joseph qui de toute sa bonté rayonnante vous offre à la cousine qui n'a rien demandé. Sa bénédiction – et c'est le départ.

Seule, à présent, vous avancez sur un demi-rosaire, la fin de l'*Ave Maria* n'étant pas encore écrite, répétant son début sur des milliers de fois. Ainsi se forgent les prières dans le cœur des saints, longuement arpentées, essayées, testées, comme l'on s'habitue à une manière d'aimer qui nous va bien. Transportée par les anges de Nazareth à Ein Karem sur cent quarante-six kilomètres, certains l'ont cru, et pas les plus crédules, pourquoi pas ? Le célèbre père Lamy, usé de bonté comme sa soutane, ne fut-il pas, en plein Paris, mystérieusement transporté par les anges au seuil de la porte d'un mourant qui n'espérait plus un prêtre ? Et il y a ici plus grand que le prêtre ! Si, en revanche, vous avez marché, ô Marie, ou pris une caravane, peu importe, vous êtes allée, et c'est ce qui compte, au-devant de la nécessité, centre de la volonté divine. « Si Dieu nous donnait des maîtres de sa main, chantait le physicien Pascal, oh ! qu'il leur faudrait obéir de bon cœur ! La nécessité et les événements en sont infailliblement. » À ne pas oublier. D'ailleurs, je vous soupçonne, Mère des prophètes, de le lui avoir soufflé !

En empruntant les humbles ruelles de ce village bordé de vignes et d'oliviers, quelques mots invisibles semblent courir sur vos lèvres, adressés, vous me le dites, à l'enfant qui vous dépasse et entend. De loin vous reconnaissez la maison, et sa placette jamais oubliée depuis votre jeune âge où sur de courts séjours l'oncle Zacharie vous faisait sauter sur ses genoux. Et vous souriez à ce souvenir d'enfant comblé. Un tintement de doigts sur la porte en bois tout en tirant le rideau de lin, tandis qu'un bruit de chaise fait apparaître la face érodée d'Élisabeth, éblouie de jeunesse inattendue. *Shalom !* – Élisabeth pousse son cri – et c'est la danse au cœur du ventre rond, celle du plus grand des prophètes, tapant du pied de tous côtés, jouant du coude à l'arrivée du Messie, mais il n'y est pour rien, le petit !, c'est la faute à l'Esprit Saint qui, de ventre à ventre, le foudroie d'allégresse. Et les femmes s'embrassent, et leurs enfants jubilent, et la vérité surgit dans un ordre qui déroute : « Bénie es-tu entre les femmes, et béni le fruit de ton ventre ! » D'abord Marie !, c'est vous qui passez la première, vous d'abord, la matrice, la source, l'embouchure de la grâce, celle par qui le salut prend visage, et quel visage, le vôtre ! À son tour, l'enfant est loué, dans une même lumière et sur le même mouvement !, la mère et le fils à l'identique, du moins sur la voix de Dieu qui s'exprime et bénit.

Ici pas de casuistique, la joie est trop grande pour rester sage et mesurée, tout se mélange à l'instar des corps qui dans l'amour ne font qu'un. Autant dire qu'à Ein Karem, dans la maison du prêtre, Dieu allume un phare, et il est sur vous, ô Marie, pour que l'humanité comprenne à l'aurore du salut par où il faut passer pour l'atteindre et ce qu'il faut devenir pour lui plaire. Zacharie s'est approché, grave témoin de la scène, plus muet qu'il ne le fut jamais, plus soumis qu'un enfant conquis, avant de se retirer dans sa prière. Et les femmes ont parlé, comme elles le font toujours, abondamment, se perdant au dévoilement des secrets sacramentellement gardés, jusqu'à ce que la voix, qui désormais sanctifie le Précurseur, rejaillisse en lumières sur celle d'Élisabeth : « Mais d'où m'est-il donné que vienne vers moi la mère de mon Seigneur ? » D'aucun mérite, sois rassurée, cousine ! Sa venue sort tout droit de la volonté du Père qui la présente en chef-d'œuvre à qui voudrait bien comprendre. La mère et le fils, dès l'origine, ne sauraient être séparés, leurs deux natures humaines se confondent ; en l'enfant, la divine est en sus et se dira plus tard. Mais pour l'heure, l'heure est à la ressemblance. Que les théologiens ne s'en offusquent pas, Dieu dépend de Marie en sa respiration, je n'y peux rien si le lien est aussi vital. Que le monde enfin se rende, du moins les plus sages et les plus puissants ; pour les pauvres, je ne m'inquiète guère, eux qui, depuis deux mille ans, passent par la mère pour toucher le fils.

Sous les paroles inspirées de votre cousine, tout laisse donc penser qu'en Dieu l'idée de hiérarchie, de préséance, de plus et de moins, ne domine pas au concret de ses actes ; qu'il soit Dieu et le seul à l'être, qui ne serait d'accord ?, mais il n'empêche que le Tout-Puissant, malgré la hauteur à laquelle personne n'atteint et ne prétend, surtout pas les saints, se plaît à glorifier les créatures inférieures, et à les élever à son rang. Roi, reine, tout se confond dans le Ciel, et déjà la bouche d'Élisabeth d'un seul trait de langage accorde la même gloire à la mère et au fils, consciente à l'extrême, et l'on ne peut faire davantage, de la foi prodigieuse et sans retour que vous avez offerte à l'ange et sans laquelle la mort éternelle serait encore notre lot. « Bienheureuse celle qui a cru en l'accomplissement de ce qui lui a été dit de la part du Seigneur ! » Et c'est vrai qu'à l'instant où votre chair conçut le Verbe divin, et vous y repensez d'un éclair, le bon sens clamait l'impossibilité, rien ne fut perçu en votre corps, aucune impression redevable à la matière ne parvint à induire une quelconque certitude, simplement, vous avez cru… et l'ange lui-même, malgré son allure, fut perdu de vue sous les mots qui défilaient, et ne servit nullement à l'acte de foi.

« Bienheureuse, celle qui a cru ! » Ainsi, par vous, nous avons tout reçu et déjà tout compris de la manière dont il faudra plus tard recevoir de Dieu notre vie. En votre foi saluée par la mère du plus grand des prophètes, oui, nous vous devons tout, et Dieu aussi vous doit tout, ô Marie, depuis l'instant où il se prit à vouloir vivre comme un homme.

Sous l'évidence du Messie advenu, il vous reste à magnifier, Vierge digne de louange, l'œuvre de Dieu en vous, pour la plus grande joie de votre Fils qui vous entend chanter pour la première fois – à en faire sortir Zacharie de sa tanière sous les coups de tant d'humble beauté. Et quel chant ! révolutionnaire pour qui veut bien laisser de côté ses idées bien policées : sur le *Magnificat*, la servante est exaltée, l'esclave devient reine, portée aux nues par des générations de pauvres délaissés, cependant que les orgueilleux plient sous le bras de Dieu, que les souverains perdent leurs couronnes, et que les humbles sont déclarés les préférés de son être. Au passage, les riches font faillite, les affamés n'en croient pas leurs yeux de tant de biens offerts, et le grand Israël en votre ventre est secouru dans son propre destin. Victoire sur Ein Karem entre deux femmes exaltées à qui l'histoire donnera raison ! Le tout fut chanté aussi calmement qu'une mélodie grégorienne, aux accents de la foi qui s'en remet toujours à Dieu et non aux armes humaines, pour assurer le triomphe tel que Dieu l'entend. Quant à Zacharie, il a pleuré dans son coin.

Sur les heures qui suivirent, ô Marie, vous avez rejoint votre place habituelle, celle du service gratuit et constant, veillant au raffinement quotidien de l'amour partagé. Seule la femme a le pouvoir d'embellir de son geste ce qu'elle touche, maison, époux, enfants, vieillards, à condition qu'elle le veuille aussi naturellement qu'elle est faite pour aimer. À Ein Karem, je ne vous entends pas perdre une seconde, de la prière psalmodiée à la grâce contemplative, du silence absolu au ventre qui appelle, toujours poussée vers l'intérieur, plongée au ravin de l'extase sous vos mains qui enserrent le petit embryon. Et quand l'effort surprend de très bonne heure, vous êtes au rendez-vous, rayonnante de clarté matinale, prête aux travaux les plus pénibles : champ, cueillette, lessive, cuisine, bêtes à sortir, à traire, à soigner : rien n'effraie la mère de Dieu ! Tout est bon pour s'accouder à la volonté divine qui un jour en Jésus s'écrira : « Mon Père travaille jusqu'à présent, et moi aussi, je travaille. »

Le Précurseur n'est plus très loin, Élisabeth se traîne, sourire écartelé de courage, Zacharie ne tient plus en place sous le souci et l'imploration priante à en perdre son hébreu, et vous, ô Marie, vous redoublez d'ardeur, car la venue imminente du Baptiste annonce déjà que le Fils du Dieu vivant approche à grands pas pour sauver la terre.

Élisabeth est heureuse de vous savoir près d'elle, *maintenant et à l'heure* possible *de la mort*, ne cessant de vous laisser des consignes au cas où son vieux ventre ne résisterait pas à la sortie du prophète ou que la joie se ferait trop prégnante. Malgré cette inquiétude entièrement dirigée vers l'enfant du miracle, la vaillance de votre cousine n'a pas laissé de m'émouvoir sur ses longs mois de maternité silencieux de la moindre plainte.

Les mères d'aujourd'hui, du moins une bonne partie d'entre elles, pas si bonne, considère la gestation de leur enfant comme une prédestination fâcheuse et affreusement récidiviste, à chaque fois, diminuant leurs forces, abîmant leur corps, entravant leur carrière, ruinant leur avenir, et elles avancent ainsi, comptant les jours de leur libération, en mères indignes, il faut le dire si l'on veut que ça change ! Et que personne ici ne rétorque que je suis un homme et que je parle en homme. Qu'il me soit permis de rappeler qu'en ce livre, je tiens mes idées de vous. Oh ! certes, en ce domaine, vous ne pouvez être un exemple, je le sais bien, votre situation d'Immaculée, vous plaçant hors des conséquences du péché originel, vous fait échapper aux fatigues, aux gênes, aux nausées, à l'enfantement douloureux. Ce n'est pas sur vous qu'aujourd'hui je m'appuie, c'est sur votre cousine, pour sauver la grossesse qui n'est pas une pathologie mais un don divin exigeant le prix fort de l'abnégation, et le témoignage de la joie en inversion de fatigue. La vieille Élisabeth, aussi radieuse que ridée, trop heureuse de donner la vie, n'a pas même crié en accouchant à l'aube, sa main crispée dans la vôtre, les yeux rivés au Ciel. Et comme elle est heureuse et rassurée de savoir que c'est vous, ô Marie, qui maintenant lavez le Précurseur, langeant pour la première fois ce petit bout d'homme à la voix de stentor, venu au monde pour crier *pénitence*, comme vous le ferez vous-même à Massabielle dix-neuf siècles plus tard.

Trois heures de présence au lit d'Élisabeth, avant qu'elle ne se lève et ne continue la vie ordinaire de ses grandes jupes plissées, fichu en tête, bébé au bras, et que vous ne repreniez la route, le ventre rond, heureuse d'avoir aimé le Créateur en le servant. Évidemment, les anges attendaient leur reine au bas du village. Comment ne pas les comprendre ? D'un simple coup d'aile, Nazareth apparut.

V

Sur la paille comme il se doit

Par le carreau de l'atelier, de loin, Joseph aperçoit la Mère de Dieu, sa petite épouse, marchant en direction de la maison paternelle, alerte et décidée, comme elle lui a toujours plu, dévalant la colline à grandes enjambées, joyeuse au visage avec ce zeste de gravité qui donne aux femmes, quand elle le possède, l'allure d'un chef-d'œuvre parfaitement achevé. Dans le marbre de leurs traits, parfois, semblent-elles avoir gravé leur irréprochable dignité. Joseph ne peut échapper à la fascination de Marie, et, de tous ses yeux, il la regarde, la détaille, la glorifie, sur chaque seconde accompagnée d'une heureuse bénédiction tournée vers son Dieu, cause de leur lien.

Un geste de Marie, inconnu jusqu'alors, pourtant simple comme un mouvement – la caresse d'une main sur son ventre béni – fait avancer Joseph en bord de vitre. Écarquillant les yeux, il ne saurait le croire... Pas de doute ! Sous les plis de son châle, le signe de la maternité prend la forme de l'évidence : Marie est enceinte ! Jambes chancelantes, bras tremblants, dans l'impossibilité de déglutir, Joseph tourne à présent le dos à la rue, et le long du mur, se laisse glisser de chagrin sur un lit de copeaux. « Mais comment donc est-ce possible ! » répète-t-il encore, cette fois-ci, la tête entre les mains, cependant que chantent sous ses doigts les pleurs qui déjà le sanctifient. « Je fais le bonheur et je crée le malheur » : cette unique parole de Dieu, au livre des prophètes, tranchante comme un ciseau à bois, n'en finit plus de tournoyer dans la tête de l'homme juste, et tout se perd sur cet instant de désespoir où le passé revient pour ajouter à l'absurde : Marie !, son appel à la virginité, ses longues années passées au Temple, son secret de vie si délicieusement partagé, sa pure présence, visible à l'œil nu… Non ce n'est pas possible ! Elle n'a pas pu trahir les abîmes de son être choisi. Et pourtant, pourtant, elle est enceinte !…

Le temps de le penser encore, et voici qu'il se relève, reprenant place derrière la vitre, y collant son nez, mais il n'y a plus personne. Seuls, quelques arbustes séchés de soleil secouent la mort sous le vent fort qui siffle de détresse aux fenêtres de l'atelier et à la porte de son être. Solitude effroyable de la trahison à laquelle vous ne voulez pas croire malgré la terrible vision du ventre de la Vierge.

Un tour de clef et vous êtes chez vous, ô glorieux saint Joseph, couché sur votre natte, pleurant à chaudes larmes la mort de Marie en son amour pour vous. Point de jugement sur sa personne, point de haine envers le profanateur, point de jalousie en cette déchirure, Marie est votre sœur, votre fille, autant que votre épouse, et là, vous le constatez dans votre chair incapable de s'éloigner : votre amour excède les frontières de l'amour conjugal, le poignard planté dans le dos n'y fait rien : vous aimez Marie et vous voulez son bien. Sur ces longues heures vécues allongé dans l'obscurité de votre chambre, malgré l'évidence, vous ne parvenez pas à croire que Marie ait pu trahir son amour, celui du Ciel avant celui de la terre. Quelque chose vous dépasse, et c'est pourquoi, vous croyez plus sage, et vous avez raison, de vous retirer sur la pointe du cœur. La répudier, oui, la répudier, c'est la seule solution, mais en secret, de façon à éviter qu'une pierre lancée par la synagogue ne heurte son front virginal, vous voulez le croire encore… Quant à l'avenir, le vôtre, c'est décidé, il n'y a aura plus que Dieu. La créature, fût-elle à l'état pur, ne convient pas à votre chemin rigoureux et régulier.

À l'instant même où cette pensée vous assiégeait en boucle, le Ciel, cher Joseph, sous la forme d'un ange, vint pousser la porte de votre jugement : « Ne crains pas de prendre avec toi Marie ton épouse ; car ce qui a été engendré en elle est l'ouvrage de l'Esprit Saint. Elle enfantera un fils, et tu l'appelleras du nom de Jésus ; car c'est lui qui sauvera son peuple de ses péchés. » Le choc de la voix vous réveille – vous dormiez ? Peut-être. En tout cas, le message est archi-clair, chaque mot s'est gravé dans la mémoire, il faut prendre Marie et emporter l'enfant qui lui ressemble, Jésus de son petit nom, embryon

Sauveur, fruit de l'Esprit Saint. En tailleur sur votre lit, sous la vision éteinte et les mots brûlants, vos mains se joindront en forme de charpente – et vous riez de toutes vos forces, heureux de savoir Marie dans les bras de Dieu.

Trois coups sur la porte d'entrée, le coq vient de chanter, vous vous redressez, et c'est elle, votre humble épouse, la choisie de Dieu, l'Immaculée Conception. Pour vous, ô Marie, il était impossible que Dieu laissât Joseph dans la nuit du tourment et c'est pourquoi, le jour à peine levé, vous n'avez pas tardé à venir dans sa joie. Donné par le Père pour être père, il ne pouvait, mais à l'heure juste, après avoir souffert ce qu'il faut et appris de manière héroïque à laisser Dieu conduire toute chose, à commencer par les plus sacrées, que recevoir la visite impromptue d'un ange ou d'une certitude. Vos mains se sont enlacées dans l'intention divine de l'unité sans faille, avant que votre tête, dans la lumière de votre prochain fils appelé Jean le bien-aimé, ne vienne reposer sur le cœur de Joseph qui de ses mains vous retient et vous garde en Dieu. C'est ce matin-là que la vie commune a commencé.

Vos affaires sont arrivées dans l'après-midi au bras de votre père Joachim, qui, soit dit en passant, ne vous regardant jamais en dehors de vos yeux, ne vit rien de nouveau, si ce n'est le rayonnement de la grâce divine sous l'humanité la plus accomplie. Peu de choses entre ses mains, quelques ustensiles de cuisine, pièces de tissus en lin, quelques parchemins d'Écriture. Cela ne m'étonne pas de vous, ô Marie, pauvre entre les pauvres, l'essentiel a toujours été votre lot. Et voici votre mère, avec, en sautoir sur ses avant-bras, un manteau de laine brune, et vos voiles où le blanc domine de tous côtés.

À Nazareth, la vie se déploie comme à l'origine du monde après que le démon, faisant des siennes, a tout ruiné. Le travail fait couler goutte à goutte la sueur du front ; des éclats de voix retentissent en conflits aux ruelles du village béni ; jalousies et mépris s'affrontent en l'âme humaine possédée par l'entêtement des désirs ; la mort sillonne les chemins enveloppés de bandelettes ; les corps sont nombreux à tomber sous les coups d'un simple mal envenimé. Ainsi le serpent, aux abords de l'Immaculée, continue de ramper, bien qu'il redoute son talon – mais que ne ferait-il pour dévorer l'enfant ! La proximité de Dieu n'éloigne pas le Mal, celui-ci, en ange, fût-il déchu, reste attiré malgré lui par les effluves du Bien dans lequel il fut créé et dont la nostalgie pourtant vomie, ne cesse de le poursuivre. Les saints se reconnaissent à leurs interminables luttes avec le prince noir ; quand le comprendrons-nous ? Vous-même, ô Marie, sans jamais craindre ses impostures, vous lui livrez combat – d'un seul pied, peut-être, mais la lutte est là. Qui rêve l'existence sous un soleil sans ombre, devient la proie de ce géant au pied d'argile, dont le venin, surtout en ceux qui ricanent et crient à l'obscurantisme, s'infiltre jusqu'à l'os.

Six mois s'en sont allés déjà sur fond de bataille et de paix. Ainsi va la vie, de grâces en embarras, de corvées en douces joies. En votre maison, ô Marie de Nazareth, la prière n'a pas désempli ; sous les coups de pied de l'Enfant-Dieu tambourinant sur votre ventre, le bonheur touchait son comble. Les jours approchaient où Dieu montrerait son visage, et il vous tardait, pour le monde et non pour vous, de voir éclore le salut. Sans rien vouloir, sans rien demander, sous une activité toujours intense, vous attendiez le signal du Ciel pour disposer votre corps à la réception de la grâce vivante. Pas d'écoute excessive de soi.

Et le signal fut donné, de manière déstabilisante, reconnaissons-le, car totalement inattendu, par un ordre général de l'Empire lancé à tous les sujets, leur demandant de regagner au plus tôt leur cité d'origine en vue du recensement de la terre organisé par Auguste. À cette nouvelle, Joseph prit les devants, et en serrant vos mains dans les siennes, d'un regard fort et graniteux, vous assura que Dieu serait du voyage. Et puis, ajouta-t-il, pour écrire la plus belle histoire du monde, peut-être faut-il quelques complications ? Pour ma part, je suis porté à croire, et je vois que vous ne me contredîtes pas, que cet événement pour le moins insolite et troublant fut de fait orchestré par le démon, dont le plan, récupéré *in extremis* par le Ciel, n'en finit plus d'honorer l'incarnation du Christ, la baignant de poésie sur fond de misère. Joseph, le Bethléemite, doit donc se rendre en sa terre d'origine, lieu sacré par excellence, où le roi David, son aïeul, au milieu des brebis, reçut l'onction de Samuel.

Marie, sans délai, vous acquiescez, fontaine de confiance – encore un titre qu'il faudrait vous donner –, vous souvenant au passage de l'oracle de Michée, tant de fois croisé et prié derrière les murailles du temple : « C'est de toi Bethléem que sortira celui qui est destiné à dominer sur Israël et dont l'origine remonte aux temps lointains, aux jours antiques. » Nous y sommes, et vous vous le dites. L'âne est prêt, quelques linges blancs pouvant servir à la *Venue* sont délicatement placés au fond d'un baluchon de fortune et fixé à son bât ; des galettes de blé me semblent du voyage, je reconnais de loin votre manteau franciscain, et celui de Joseph pendant à l'échine de la bête. Cette nuit-là fut courte, et le jour encore dans les ténèbres, vous prenez la route, celle de l'abandon qui vous réussit toujours.

Cent cinquante kilomètres à parcourir, grosse d'une vie divine, au bord de la délivrance, un jeu d'enfant, quand on aime et que l'on croit. Et c'est votre cas. Pour notre part, quand il s'agit de l'accomplir, avant les défis, nous crevons déjà d'inquiétude. Et c'est notre drame. Seule la foi, mais pas en n'importe quoi, surtout pas en l'homme dont la défaillance est atavique, mais en Dieu seul, irriguant nos facultés, soulevant les forces les plus naturelles, décuple le possible et le fait tomber dans le réel. Épuisée, mais forte, ainsi les hommes vous ont croisée, ô Marie, Trône de la sagesse, non seulement sur votre âne au chemin de Bethléem, mais partout où le Puissant vous espérait. Deux jours pleins, coupés d'une première nuit dont je ne sais rien, une auberge sans doute, où Joseph en bon Samaritain a dû veiller sur vous en attendant la vie. Mais rien. Au soir du deuxième jour, car ainsi devait aller la poésie sous le cahotement têtu de frère âne et les appels de votre ventre contenant la hâte du salut, l'enfant a décidé de sortir. Certes, il attendra minuit – que les historiens me pardonnent – pour qu'aux siècles futurs, sous les cierges et les cantiques, des larmes dévalent aux joues des vieillards et sur la peau neuve des enfants, inscrivant le christianisme au sommet du sensible ; mais aussi pour vous laisser le temps de trouver cette grotte, alors que partout, comme il convient, l'on vous refuse, de manière à ce que vous soyez les derniers parmi les derniers à trouver un abri saturé, là encore, de poésie.

Le démon peut fermer les portes, Dieu les ouvre en choisissant le camp de la plus stricte intimité, par amour pour vous, ô Marie, je ne puis en douter, et pour votre Joseph, abîme de pudeur ; il suffit pour s'en convaincre d'entendre son silence en cette affaire. La paille des hommes, celle qu'il faudra enlever de son œil avant de juger quiconque, tapisse le sol de cette grange humide, à l'image de ma pauvre crèche enfantine dont les détails me sont aussi présents que votre amour me poursuit aujourd'hui d'un visage pourtant immobile en toutes vos représentations.

Il est essentiel de visualiser les mystères, fussent-ils les plus abstraits, pour en vivre un jour au tréfonds de l'être. Il faut vous voir, ô Marie, même déformée par un art incertain, verser la vie divine en vos tableaux les moins bons, en vos icônes ratées, et jusqu'au plâtre des plus vilaines statues, car c'est aussi de cette manière, sur ces contrefaçons aussi pauvres que vous, diamétralement éloignées de votre beauté irreprésentable où vous venez pleurer, d'eau ou de sang, pour simplifier le cœur de l'homme et en tirer un peu d'amour. Si la foi ne se donnait à contempler sous des images humaines, si seulement des concepts permettaient de saisir notre Père, autrement dit si la vie de Jésus n'avait pas commencé sur la paille et fini en charpie sur le bois, jamais le Ciel n'aurait touché la terre sensible de l'âme, et encore moins suscité de l'amour en retour. Bethléem était donc *nécessaire* à la réception du mystère, il faudrait dire, *vitale*.

En arrivant, et sans attendre, Joseph s'enfonce dans la grotte, déniche la mangeoire, vous la montre, vous la tend de tout son sourire, heureux de la trouvaille salutaire. En quelques minutes, au centre de la grange, d'un geste adroit, la paille est dispersée de ses mains d'ouvrier ; un véritable lit est dressé non loin du museau ruisselant d'un bœuf complice dont la masse impressionnante réchauffe le lieu. Le petit âne aussi prend sa place, exactement celle que lui trouvent les enfants quand, à l'état de santon, de leurs doigts potelés, ils l'approchent du berceau. La mangeoire reçoit son linge blanc, des langes sont déposés près d'elle, et c'est à Joseph de les disposer, tandis que vous, ô Marie, les mains jointes, je vous retrouve à genoux, recueillie, le ventre touchant terre, prononçant un ultime *fiat* lourd comme le monde qui s'apprête à tourner.

Minuit ! Le temps de vous renverser et, pour Joseph, de sortir à la belle étoile, et c'est un cri d'enfant qui perce la nuit, faisant sursauter la création animale. Joseph accourt, Marie scintille de joie – et perle sur son front, la rosée d'une aurore nouvelle.

Vous décrire, ô Marie, en votre lumière présente est une œuvre impossible ; disparue, vous n'existez que pour l'enfant qui sur le foin dort, déjà ramassant votre regard doublé de celui de Joseph. Un peu plus tard, en mère, vous le prendrez au bras, mais pour l'heure, en créature, nu comme un ver, vous l'adorez sur le sol de la terre qui n'en croit pas son être. Joseph reçoit à son tour les mêmes lueurs de la clarté native ; cela lui suffit : sans s'attarder, il se relève, saisit la mangeoire, la bourre de foin, l'enveloppe de linges immaculés. Et vous, ô Marie, toujours Vierge, vous m'étonnez de splendeur vaillante ; belle comme jamais, en soleil oublieux de sa propre lumière, vous saisissez l'enfant à pleines mains d'un geste sûr et lavez son corps à l'eau stagnante de l'abreuvoir. Pour Dieu, la création se met en quatre, surtout celle qui ne pense pas. Joseph ne dit rien, ne vous tient pas, ne donne aucun conseil, du moins c'est ainsi que j'entrevois les choses les plus sacrées, l'humain ne se risquant pas, au risque de tout dénaturer. Et puis, au fond, c'est vous qui êtes la Mère de Dieu, vous savez donc mieux que nous ce qu'il faut faire. Alors, vous langez Dieu comme on le fait pour tous les enfants du monde, espérant ne point vous tromper, et sur un premier « Jésus » murmuré à son oreille, vous osez un baiser sur le front détendu.

Que le Messie naisse à la vie pour le monde, qu'il ait soif de se donner, et en rêve déjà sous ses yeux endormis, pour votre cœur, c'est l'évidence, l'incarnation le clame ! Aussi, effrayée de le garder pour vous, ne serait-ce qu'une seconde de trop, aux bras de Joseph, tout de suite, vous le suspendez pour un simple tour de crèche, et le voilà dans sa mangeoire, le visage est parfait de silence, semblant dominer sa naissance, beau comme un Dieu, les traits dessinés fins aux gènes de sa Mère. Étrangement, les bras sont ouverts, ainsi que ses mains, mystère d'accueil peut-être, ou d'imploration à la façon des prêtres, les siens, qui demain sur les autels des églises, l'offriront en sacrifice.

En cette nuit d'étoiles, plus d'ange pour annoncer la suite, si ce n'est au lointain l'audition d'un troupeau de brebis bêlant de clochettes, jetant Joseph interdit à l'entrée de l'étable, prêt à intervenir si Dieu, de son côté, s'était risqué à divulguer la nouvelle. Trop tard ! Voici les bergers offrant leurs têtes à l'encoignure de la porte entrebâillée. Bien que l'on ne dérange pas une femme qui vient de mettre au monde son enfant, d'un geste de la main, ô Reine des simples, sous le regard acquiesçant de votre époux, vous faites signe d'entrer. L'enfant est à tous, et vous le faites bien comprendre, à ceux qui veulent le voir comme à ceux qui voudraient le toucher, mais personne encore n'oserait. Les pauvres s'inclinent par un bon sens qui les sert, et de leurs yeux exorbités, lâchent leur histoire : « Un ange s'est pointé dans la nuit… Quelle frousse ! La plus grande de notre vie, mais sa joie nous a tout de suite rassurés quand il nous a annoncé que le Sauveur, le Christ Seigneur, venait de naître, et qu'on le trouverait tout proche, emmailloté, couché dans une mangeoire ! » À cette nouvelle, que de paix dans votre âme, ô très Sainte Vierge ! Emmailloter Dieu, le coucher dans l'écuelle à bestiaux, vous aviez tant craint de ne pas être à la hauteur divine, vous voilà rassurée, et de plus, vous savez maintenant les goûts et l'attente du Père qui se satisfait de peu pour lui-même.

Ces braves gens sont restés assez longtemps, mais ne vous ont point lassés de leur présence éduquée, respectueuse et sacrée. La vraie misère attire plus qu'elle n'éloigne le cœur. Seule, la vulgarité repousse, et notre monde en est aujourd'hui gorgé, dans tous les milieux d'ailleurs, des prétendus hauts jusqu'à ceux du sol. À tous les niveaux, le désastre est consommé ; nous relèverons-nous de nos bassesses, visibles à l'œil nu sous le langage invertébré, la trivialité du geste, le manque de classe le plus élémentaire ? Oui, la vie se joue, noble ou vile, sous le prisme de l'éducation manifeste.

En tout cas, sur cette nuit sainte, en monarque absolu, Reine du Ciel et de la Terre, vous vous êtes plue en compagnie de vos enfants bergers, auditeurs des anges, les pieds crottés mais un genou à terre durant trois heures face à l'enfant. Première adoration nocturne. Puis ils se sont retirés, humbles et sans bruit, marchant à reculons jusqu'à la porte de l'étable avant de s'incliner vers vous, une dernière fois, jusqu'à terre. Que voulez-vous et vous pourrez protester de toute votre modestie, on aura beau dire que l'enfant est divin – et Dieu sait si c'est vrai –, il sort tout de même de vous ; il est donc bien normal que l'on confonde encore, au moins dans un ultime hommage, la mère et le fils.

Joseph, au fond de la grotte, en silence, prépare *je ne sais quoi*, son geste est rapide, puis il revient vers vous, glisse un peu de foin lumineusement doré dans votre dos, et s'allonge enfin près de vous. Il reste très peu d'heures, deux seulement, avant que le coq ne chante, et sur votre visage aux yeux noirs dilatés de lumière, on perçoit un ultime voyage, celui du cours des événements que vous venez de vivre, et dont vous ne voulez rien perdre en route. Soudain, deux pleurs aux yeux du Christ, et vous le relevez de sa mangeoire, le gardant contre vous, dans la prière intense, les lèvres contre son front. Maintenant, vous pouvez faire vos gestes, la nuit vous y conduit, Joseph dort à poing fermé, personne ne veut l'enfant. Aurore de paix pour Bethléem !

Devant la porte du matin, galettes de sarrasin, fromages, fruits, et jusqu'à l'eau tirée d'un puits, attendent sagement près de pauvres bergères que la porte s'ouvre et que vous vous laissiez voir. Entre femmes, vous parlerez tout le jour, les unes admirant les autres pour les enfants qu'elles donnent au monde, sous Jésus tétant votre sein, passant de bras en bras, de bouche en bouche pour un baiser, déjà hostie prête pour la communion. Grâce à Dieu, les brebis clament à leur tour, replaçant chacun dans sa lumière d'effort ; et oui, les brebis sont à traire, les femmes doivent partir, et Joseph admirable, sans montrer la moindre impatience, les raccompagne à la porte, bénit l'Éternel, et près de vous, savoure un instant, sans se l'approprier, l'enfant vif dans vos bras.

La prière à trois, comme dans les saintes familles, et la joie commune de faire à présent quelques pas dehors sous la deuxième nuit qui vient. Surpris, vous le serez ensemble, en levant alors les yeux vers le ciel pour un ultime merci, par une étoile en soleil, à sept branches comme dessinent les enfants ; le vôtre sourit en la fixant de ses yeux ronds. L'étrange est dans sa position, juste au-dessus de la grotte, en axe vertical, tellement proche que l'on pourrait presque avec une échelle en ramasser un éclat. Ne riez pas, gens de raison, souvenez-vous du mot de Gustave Thibon : « Les grands poètes sont des amoureux, les savants le sont si peu. »

Pour Dieu, donc, ce soir-là – étoile neuve – pas de *déjà-vu*, ni de copies, seulement de l'original à l'heure où il recrée la terre en donnant son Fils. Le temps de reprendre place, à chacun sa mangeoire, que les chameaux sont devant l'astre. Dieu nous étonnera toujours avec ses idées baroques en mosaïques de couleurs à même la peau – et ce matin sur les velours des rois mages. À leur sujet, que ce soit bien entendu : tels, nous les imaginons, tels ils sont. Gaspard, Melchior et Balthasar : noir, blanc, jaune, juste ce qu'il faut pour que tous les hommes ordonnés à la vérité saisissent qu'il convient de converger, si l'on veut la trouver, en direction de la plus stricte humilité.

À Jérusalem, les mages ont pris leur douche, du moins, ils ont lavé leurs mains et leurs pieds, taillé leur barbe, revêtu leurs plus beaux atours, compté leur or, trié leur encens, respiré le parfum subtil de la myrrhe, avant que d'entrer sous un chatoiement de brocards dans le palais des animaux. Comme une enfant gâtée, sans bouger, en Reine de tous les peuples, ô Marie, vous avez bondi de joie face aux visages nouveaux de ces êtres inconnus qui en une seconde unirent leurs différences sur un seul agenouillement. Alors qu'ils s'abaissaient devant l'enfant, vous avez pu longuement les observer, car vous ne manquez jamais de regarder dans les yeux, puis dans le cœur, ceux qui d'un grand respect vous approchent. Pourquoi ne pas le dire ?

C'est le moment, et que chacun s'ajuste : vous vous attardez toujours en ceux qui disparaissent, ainsi va votre goût. L'humilité vous attire, surtout quand elle jaillit d'une intelligence tellement réfléchie qu'elle en devient divine. La docilité à plus grand que soi, librement exprimée, entre en vous comme en son sanctuaire et vous retient captive de sa liturgie dépouillée. À présent, l'or présenté, aussi lestement qu'il sera utile, file entre les mains du patriarche dont l'âme s'incline en signe de reconnaissance envers le Très-Haut qui jamais n'oublie l'avenir de ses pauvres. L'encens est allumé sous le petit nez de la divinité au mécontentement du bœuf qui souffle de tous ses naseaux son odeur de bête, et il me semble que vous riez de vos seize ans épanouis. Comme il fait bon de vous voir vivre ! Quant à la myrrhe, elle vous fera trembler de toute sa fragrance à l'instant où, par déférence pour le don reçu, vous l'étendrez aux jambes et au ventre de l'Enfant-Dieu, vous souvenant que ce parfum embaume les cadavres, lisse les corps promis à la putréfaction. Vite, vous remmaillotez l'enfant sur la lueur dorée de la paille, et le serrez contre vous. Les rois mages ont assez donné, ils se relèvent plus sages que jamais, le temps d'un arrêt sur image pour le tableau de Velázquez et pour toutes les crèches à venir.

Seule, enfin, mais vous ne demandez rien, la contemplation du Dieu nouveau-né vous est offerte, infusée dans l'âme et sous vos mains moites de bonheur qui le bercent : le Verbe s'est fait chair de votre chair ; dans votre âme, il est né ; dans vos viscères, il s'est lové ; dans vos bras, il repose en Dieu. Allongés sur le même côté, à l'intérieur de la pensée, le miracle de sa naissance continue de foudroyer votre intelligence éblouie par la foi, si profondément que vous vous endormez pour la joie du petit qui, d'un œil, celui de sa divinité, veille sur vous. Durant sept jours, vous ne quitterez pas ce lieu béni, Dieu vous enfermant enfin dans la nudité d'un silence où les grâces se resserrent et s'apprécient ; mais le huitième, à l'aube, avant que le coq ne réveille en sursaut le Créateur, vous êtes déjà sur l'âne, souriante et grave, comme il me plaît de vous dévisager, cependant qu'il me semble que votre main dort en celle de Joseph, qui à pied, au bord des sabots, conduit le voyage en douceur, retenant les cahots de la bête fidèle.

Jérusalem, enfin te voici ! Cité divine où les prophètes parlent et meurent, te voici, belle entre toutes, face au Messie nouveau-né, suspendu au sein de la Vierge, tétant le courage du petit reste d'Israël. Et vous serrez fort votre Dieu, ô Marie, espérant que personne ne vous le prendra, bien que par un appel intérieur, et c'est impressionnant, vous desserriez immédiatement vos bras, décidée à vivre ce qu'il voudra, à l'offrir à qui le veut. Pour l'instant, volontiers, en nourrisson, il s'appuie contre vous, tirant le lait de sa survie, greffant à votre peau d'ange, le baiser de Dieu. Au mur du temple, l'âne est attaché en brave créature qui ne dit rien ; parfois, pour ne rien gâcher, qu'il serait bon de l'imiter, car à ne rien vouloir, on peut finir par porter Dieu ! « Deux tourterelles, pour le sacrifice, s'il vous plaît ! », l'enfant les regarde engoncées dans les mains de Joseph avant qu'elles ne disparaissent dans un sac de toile brune, et qu'au beau milieu d'une foule inconsciente, lui-même ne pose les yeux sur un beau vieillard en lumière, littéralement cloué sur place, au sourire de stupeur brûlant d'Esprit Saint. Sans hésiter, l'homme s'avance, s'incline, descend jusqu'au sol son grand âge, remonte et prend l'enfant comme s'il fut le sien, avec une aisance digne des nourrices les plus aguerries. Ce geste facile n'a rien de surprenant : depuis des siècles, Israël le répétait, attendant le Messie ; le voici maintenant aux bras vétustes de son peuple. Profite Siméon ! toi qui vois clair en arrière et en avant du temps ! Berce ton Dieu, annonce à la Mère le mystère du Fils, chante ton *Magnificat* avant que la mort ne te fixe en lui et ne t'inscrive à jamais au seuil de l'Évangile. Oui, bénis-le de la part du Très-Haut son Père, annonce la lumière incarnée, la gloire d'Israël, le salut pour tous, et la mort pour lui. Parfait ! Très bien ! Cela suffit ! Rends l'enfant tout de suite, je t'en prie, ne vois-tu pas comme il pleure à la pensée qu'un glaive vient de trouer l'âme de sa Mère, fouillant jusqu'à la mort le cœur immaculé, l'associant par avance à l'acte rédempteur ? Ton rôle est terminé, rends l'enfant et meurs en paix, bon Siméon, c'en est fait de ce double cadeau du Père déballé dans le Temple, après seulement huit jours de joie continue : la mort du Fils et de la Mère d'un même coup d'épée !

Triste mystère joyeux, incompréhensible à tous, gardé en creux dans votre mémoire, ô Marie, tandis qu'au loin, une veuve pliée par l'âge, pousse à son tour un cri de gloire en direction de l'enfant, renvoyant en écho la douleur à plus tard, contre un versant de colline appelée Golgotha.

Le temps d'un égorgement et d'un prépuce en moins, et sous la joie de l'âne qui bouge ses oreilles, tous trois, vous êtes repartis pour Bethléem, heureux de votre obéissance, graves comme toujours, comblés de prophéties.

VI

Souvenirs de voyages

Toujours, les idées de Joseph s'en allaient chercher tout près le bien qu'il fallait suivre. Prudent à la manière où l'entend la plus saine théologie, sous le don de conseil, les réalités les plus pratiques trouvaient une issue royale dans la décision qu'il prenait pour les servir. Jamais d'ailleurs vous n'avez pris en flagrant délit d'erreur votre intelligentissime époux, gardien jaloux du bien commun, les pieds au sol et la tête en Dieu où se reçoivent les chemins à prendre. Depuis plusieurs jours, il avait son plan : repasser par Bethléem, retrouver l'étable, y dormir encore une nuit, puis le lendemain, dès l'aurore, filer sur Nazareth. C'était aussi le plan divin, calculé et décidé sans vous. Entre Joseph et Dieu, le courant passait suffisamment pour que l'Immaculée ne s'en mêle.

En tout couple, du moins, je le préconise, et votre vie, ô Vierge, ne le dément pas, il est des affaires qui ne se règlent que par l'un ou l'autre conjoint selon sa grâce. Et ce n'est pas là une question de culture ou d'usages, mais bien plutôt de déterminations supérieures, n'en déplaise à quelques constructeurs d'utopie. Tout le monde ne fait pas tout; chacun doit faire sa part. À leurs larges épaules, à leurs os vigoureux, à leurs voix tonnantes, à leur impulsive nature – aux hommes, l'idéal de protection leur va comme un gant, et il serait certes bon qu'ils l'exerçassent en flux de douceur continu. Ce n'est pas toujours réussi, mais c'est leur voie. Ordonnés à l'action de tout leur être, difficilement maintenus sur les canapés où les femmes les veulent pour de longues conversations qu'ils rêvent d'écourter, il convient donc de leur laisser initiatives et décisions dans l'ordre du faire et du devenir, car maris châtrés ne valent plus rien. Bien sûr, qu'ils consultent le Ciel et leurs femmes, cela va de soi, mais qu'en fin, ils indiquent la route. Joseph étant un homme, un point c'est tout, c'est lui qui, pour le bien commun, décidait de toutes choses. Surtout ne lui en veuillez pas, d'autant plus que Dieu montrera par la suite qu'il marche tout à fait dans cette lumière. Quant à la femme, selon Rilke « plus spontanée, plus féconde, plus confiante, plus mûre, plus près de l'humain que l'homme », il lui revient – en vous voyant Marie, je le comprends – de déposer son éclat au centre de l'amour, pour ne point se trahir elle-même qui, comme chacun le sait, se nourrit de docilité pour croître.

Une heure et demie d'âne pour couvrir les sept kilomètres qui séparent Jérusalem de Bethléem et ce sont les retrouvailles avec la crèche plus belle que jamais – on se croirait encore à Noël, car les bergers, en voisins subjugués, ont tout laissé en l'état, jusqu'à l'enfoncement des corps dans la paille dorée. Dans la mangeoire, des linges propres et blancs, et dans un coin de grotte, humblement déposée comme savent faire les pauvres, une marmite en terre où fume, sur des braises, une soupe de fèves. Le bœuf, en roi immobile, serviteur du Serviteur, héros d'une nuit, garde jalousement sa place au fin fond de la grange, et quelle n'est pas sa joie de revoir son bébé de maître qu'il salue à présent d'un grand meuglement. Et vous riez encore, ô Marie, de votre claire jeunesse. Ce soir, bien que Dieu soit vivant, la nuit couvre de ses ombres ce lieu ignoré ; l'étoile n'est plus là, la magie des mages a disparu, le prêtre Siméon et sa bénédiction semblent déjà relever de la vieille histoire : c'est l'humble vie, sans lendemain connu, qui frappe en cet instant. La main de Joseph posée sur la vôtre, l'enfant entre vous, vous partez pour l'inconscient repos qui, d'un bond immédiat, se donne en sommeil. Quand, au cœur de la nuit, un bruit ! Et vous sursautez ! C'est votre époux, qui range les affaires, qui vous apprend en deux mots qu'il faut partir au plus vite, que tout est prêt, qu'il vous a laissé dormir le plus longtemps possible, mais que l'heure était venue – parole d'ange – de fuir les sabres d'Hérode qui en ce moment au palais s'aiguisaient pour trancher le cou des Innocents. Une prière à genoux pour gagner du temps, le temps aussi de ramasser un peu de paille au lieu de la naissance qui finira un jour, je ne sais comment, dans le sac de sainte Hélène – et c'est le départ.

Cette fois-ci, l'âne est tiré à l'avant par saint Joseph ; vous n'avez pas eu le temps de monter sur lui, et vous marchez, Dieu serré contre vous, balancé de tous bords, sous la rapidité de vos pas. Les premiers quarante kilomètres, nerveusement accomplis, d'abord à pied, puis à dos d'âne, ne prirent qu'une journée. Bien qu'éloignés de Bethléem, hors de danger, sans cesse, vous regardiez en arrière, guettant le moindre cheval, redoutant un soldat qui d'un élan eût pu ravir l'enfant. Tous trois, sans ange pour guider, il faut marcher encore, c'est votre idée, et aller le plus loin possible, et sortir à tout prix de la terre bénie en direction de l'oubli.

Avec Joseph, vous marcherez ainsi durant de longs jours que je ne puis mesurer, passant au pays d'Égypte en véritables réfugiés politiques, trouvant asile en la ville d'Hermopolis, c'est du moins la tradition que je veux suivre, tant elle me semble consonante avec l'être du Fils. En effet, dans cette cité, l'inexistant dieu Thot, corps d'homme à tête d'ibis, régnait sur les consciences. Ses fidèles d'Égyptiens lui accordent l'invention de la parole et de l'écriture, et son culte, sans nul doute, aux abîmes de l'inconscient, préparait déjà celui que les nations rendraient un jour à la Parole incarnée. Mais ce n'est pas tout. Il revenait à ce dieu, en messager funéraire, de noter le verdict à la pesée de l'âme et de l'introduire au souterrain d'Osiris. Vraiment, le Christ n'est pas loin. Dieu s'étale sur des siècles, et s'y est complu peut-être, laissant à l'homme le choix de ses légendes, se contentant de le garder à peu près droit, au milieu d'idée de vie, de mort, de bien, de mal, et de rétribution. Le Verbe a donc fait ses premiers pas et dit ses premiers mots à l'ombre du dieu de la parole et de l'écriture, moyens et presque fins dont il se servira plus tard, pour maintenir intacte la vérité présente en la matière. Quant à vous, ô Marie – et saint Luc vous en sera reconnaissant –, ne perdant pas une miette de ses gestes et de ses dires, vous continuerez de collationner les faits, de conserver les mots, comme la femme seule dans l'univers est capable et se plaît à le faire. Petite archiviste de Dieu, nous vous disons *merci*.

Sept ans, paraît-il, en famille, vous seriez restée – pourquoi pas ? – sur cette terre d'Égypte, avec pour seul secours, la foi et l'or des mages, comprenant déjà en votre chair, par les humiliations dont les étrangers font souvent les frais, mais aussi par les grâces entrevues aux traits d'une civilisation inachevée, que tout humain se doit de connaître le Père, et avec lui, l'amour sans borne que charrie le salut. Plus tard, à cette lumière, vous souvenant de ces années d'exil, vous bénirez votre Fils de vouloir étendre la rédemption au-delà des frontières d'Israël. Comme il est bon de voyager dans la misère et de souffrir de celle des autres si l'on veut saisir les intentions de Dieu sur l'univers !

À la mort d'Hérode le Grand, si petit dans ses actes, vous reprendrez la route, main droite en celle de Joseph, direction le bercail, car c'est chez soi que l'on est bien, l'enfant marchant en avant, joyeux de demander le pain en petit mendiant irrésistible à plus pauvre que lui.

Allez ! mes amis, laissez tomber votre gravité savante, et contemplez avec moi Jésus du haut de sa poésie, sautillant de joie, chantant à tue-tête, interpellant moutons et brebis de sa voix fluette, saluant de sa main souriante les bergers séduits. Ainsi répond le Fils de l'homme à la volonté du Père qui rit aussi de bon cœur et de tout son Esprit.

C'est en arrivant, ô Mère, que vous apprendrez la nouvelle et que votre joie s'éteindra. Le spectacle est horrible, toute jalousie étant mortelle. Devant vous, en la mémoire des vôtres, ventres ouverts, gorges tranchées, corps translucides jetés par dizaines dans la campagne, certains haletant encore, et vous les entendez – silencieux – mourir sans conscience, auréolés de cris lointains et maternels, cependant que l'épée de Siméon n'en finit plus de tournoyer dans votre âme, actant la prophétie. Berceaux et tombeaux se sont donné la main pour protéger l'enfant, empêchant le soldat de poursuivre sa course, trouvant sous son glaive de la chair apprêtée. Et vous pleurez, ô Marie, non pas sur ces petits que Dieu souleva de gloire et combla en un instant, mais sur la création haineuse, voulant tuer son Roi à l'aube du salut. Désormais, le rosaire est faussé, la douleur enchevêtrant la joie. Tous les jours de votre vie, permettez que je le dise, vous avez porté en vos entrailles ces enfants de Bethléem, et de votre infinie tendresse, en vous inclinant sur eux, vous les avez bercés de vos bénédictions. Après le vôtre, ils sont vos préférés, les plus innocents, autant dire les plus saints à vos yeux, et vous vous y connaissez. Quant au village de Nazareth, sur ces dernières années, il n'a pas changé son visage. Comme vous l'avez quitté, il se redonne, peut-être un peu plus éclairé de soleil depuis que vous êtes arrivée. À vrai dire, le Ciel ne vous lâche pas d'un pouce, irradie de toute sa lumière, surveillant avec vous l'évolution de Dieu. Tout va donc pour le mieux, puisque tout convient, saine pensée devenue réflexe en votre vie sous l'acquiescement de Jésus qui toujours ne dit mot.

De son côté, saint Joseph a repris ses planches, ses clous, ses pieds nus sur son lit de copeaux, tandis que vous priez, car vous priez beaucoup et travaillez autant, sous les yeux de Jésus, étrange regard, qui à la fois vous entraîne et vous suit. Surprise, et plus encore éblouie, vous l'êtes au long du jour et de la nuit, percevant de profil – car c'est toujours avec un infini respect et comme en passant que vous contemplez l'enfant – la divinité régissant les actes les plus simples de sa vie. Plus tard, lorsque saint Jean Damascène affirmera que « le Verbe de Dieu s'est uni à la chair par l'intermédiaire de l'intelligence », en plein Ciel, vous comprendrez alors la perfection de ses gestes d'enfant et l'incontrôlable adoration qu'ils suscitaient en vous. Et quand saint Thomas fera savoir posément que « le Verbe ne quitta pas le Ciel durant l'incarnation », vos bras glorieux en tomberont de stupeur. Certes, vous saviez que Dieu, après qu'il eut habité votre ventre, habita votre maison, mais que son être fut au Ciel, tout en étant près de vous, c'était une autre affaire et un autre mystère ! Que l'enfant se lève, se lave, embrasse, lise, écrive, marche, coure, chante, prie, serve, et Dieu sait s'il l'a fait – et se couche aussi, tout était pour vous fascination sans jamais pour autant attiser votre curiosité ni même éveiller des questions. Vous tenir devant Dieu par la seule adoration était votre souci premier. Ne rien abîmer, ne rien rétrécir par une compréhension hâtée vous semblait la seule voie permettant au mystère d'être lui-même et de suivre son cours. Ainsi Jésus put grandir « en sagesse et en âge », et de sa science infuse et de sa connaissance acquise – et surtout à la bonne heure –, pénétrer le réel de toute sa Personne. Son enfance a filé sans que vous ne la reteniez, admirant jour après jour l'être du Sauveur tout en le formant dans la lumière de ce que Dieu vous murmurait. En lui, bien sûr, la tâche était facile, le mal étant absent du désir ; toutefois, de même que vos traits servirent de base au dessin de son visage, votre exemple juché sur vos actes quotidiens n'a pas cessé de l'attirer, de le forger, de le convaincre à votre style. D'ailleurs, personne ne s'y trompait : de ses cheveux à son aménité, pour tous, il était bien le fils de sa mère, mais aussi celui du charpentier qui à son tour forma de ses gestes compétents ceux de Jésus dès que celui-ci choisit de se frotter au bois. La personne du Verbe incarné s'est donc laissé former à la connaissance pratique des réalités qu'elle connaissait théoriquement par cœur.

Aucune secousse en ce petit foyer sans éclats, ni de superbe, ni de voix. Tous les trois, vous ne faisiez qu'*un* à l'image encore obscure de la Très Sainte Trinité dont le Fils se plut à transposer les grandeurs en votre humble maison. L'unité de la Sainte Famille étonne encore les anges ; il faut dire que chez eux, malgré leur perfection, et bien qu'à présent ils aient fait beaucoup de progrès, l'idée de conflit leur est congénitale. De près, sous la baguette de Dieu, eux aussi vous ont collée, ne vous lâchant pas d'un pouce, durant toutes les années de votre vie à Nazareth nommée à juste raison *cachée* – et en particulier, un fameux matin d'avril, alors que vous vous disposiez à prendre la route de la cité sainte pour vivre la Pâque.

Le Ciel sentait bien que quelque chose se préparait. L'obligation de se rendre à Jérusalem trois fois par an, pour *Pessah*, *Chavouot* et *Soukkot*, ne concernait que les hommes ; les femmes pouvaient rester chez elles et vaquer à leurs occupations. Pour vous, Marie, il était hors de question de ne pas accomplir ce que la loi n'exigeait pas, sachant intimement qu'avec le Père, nous n'étions jamais quittes. L'amour ne se mesure pas aux commandements qu'il impose. Qui les met en pratique ne répond en vérité qu'à un dixième de son attente, le cœur se moquant éperdument de ce qu'il *faut* faire. C'est dans l'accidentel, le dérisoire, le non dû, que la délicatesse s'infiltre et prouve l'attachement. Quoi qu'en pensent certains chrétiens qui, de leur pied à coulisse, pourtant adroitement ajusté s'approchent des mystères, les prières imposées ne sont guère méritantes. Là où l'obligation sévit, l'homme ne peut qu'exécuter comme il mange ou dort pour survivre.

Vous avez donc voulu, ô Marie, par amour pour Dieu, vous rendre à Jérusalem et adorer en son temple, votre seconde maison, le conducteur de l'Exode, le libérateur d'Israël. Et puis, comment auriez-vous pu laisser vos deux hommes voyager seuls alors qu'ils vous sont si relatifs ? Eux non plus d'ailleurs n'ont pas cru une seconde que vous puissiez défaire la Sainte Famille pour trois jours de prière. Quand on est marié, on ne sépare pas ce que Dieu a uni ; il faut le redire avec fermeté à notre univers occidental qui, certes, serait capable d'en répéter l'adage, mais qui, cependant, désormais, pour des raisons de carrières, en arrière-fond d'euros destinés à combler de prétendus besoins, n'hésite pas à séparer l'homme de sa femme. Jadis, en tous pays confondus, sur tous les quais de gare, et pour toutes les mobilisations qui conduisaient à la guerre, et ce temps n'est pas loin, les femmes pleuraient le départ de leur amour, les lèvres jointes au-delà de toute pudeur, tandis que les enfants s'agrippaient aux plis des pantalons de leurs pères.

Et l'on mettait de part et d'autre des jours pour se remettre. Aujourd'hui, ce sont les couples qui volontairement organisent leur rupture – et chacun fait sa vie, guettant de loin, vers la fin de la semaine, le retour de l'aimé. Où sommes-nous ? Quant aux enfants souvent relégués aux jupes nubiles de quelques « baby sitter » étrangères à la famille, au prétexte de permettre au couple de se *retrouver* ou pire encore de *respirer*, peut-être faudrait-il, en maintenant quelques exceptions légitimes, rappeler, y compris au monde catholique, que le chenil est une invention récente et que le passé est rempli de foyers saints qui pour rien au monde n'eussent pensé à se séparer des leurs, ne serait-ce qu'une nuit.

Après avoir balayé les moindres particules de levain aux quatre coins de la maison, tous les trois, en trois journées, vous avez donc marché sur cent dix kilomètres, à l'unisson, auréolés d'une nuée de familles, les enfants en groupe et devant, trouant l'air de leurs cris joyeux et stridents. À Jérusalem, tout fut déployé selon la coutume, jusqu'au rouleau du *Cantique des Cantiques*, réparant de dévotion vos corps épuisés et vos yeux étoilés de fatigue, revêtant de printemps – saison, j'en suis sûr, préférée de Dieu – vos cœurs mis à nu par l'attente divine. Grandes et belles journées de joie ! Six, probablement, sous le cri des agneaux égorgés – et vous avez repris la route en grappes de pèlerins, sous les chants, les prières, et les amas d'enfants regroupés par village. Que voulez-vous ? La foi en un même Seigneur que l'on sait *Providence* conduit à un tel degré de confiance, non seulement en lui mais dans les choses qu'il régit de son intelligence prévenante, que l'on en vient parfois à s'endormir sur ses deux oreilles, même si l'on marche, et ce fut votre écart. Pardonnable, ô combien, puisque Jésus – qui pouvait en douter ? – se trouvait au départ du voyage dans le groupe des plus jeunes. Je le soupçonne d'ailleurs, fort de sa divinité, d'avoir assisté au départ et peut-être même rassuré votre maternité d'un dernier regard. Le convoi ébranlé, Jésus aurait alors pris la tangente pour rejoindre le temple, lieu où le Père l'attendait pour une première leçon de théologie assénée du haut de ses douze ans, sans une faute de mesure, à ses pairs barbus et chapeautés de science. Oh ! que j'aime ces docteurs, ces savants, ces monstres de piété, sans nul doute les plus intelligents parmi ceux qui apparaissent en l'Évangile, et qui de leurs yeux scrutateurs décèleront en votre fils les assauts de l'intelligente grâce.

En attendant, chez vous, en votre cœur, ô Marie, c'est l'inquiétude qui prend le pas en passant dès la première étape de groupe en groupe, et ne retrouvant pas le corps de Jésus, déjà grande silhouette pour son âge, beau comme un Dieu, souple comme une gazelle, fin comme le jeune faon du *Cantique*. Il ne se distingue pas, ne se lève pas, n'apparaît pas dans le champ de votre peur – et la nuit continue sa descente, brise la lumière, éteint votre regard, accélère vos pas en tous sens. Les enfants sont calmes, assis en rond autour d'un feu, le nez dans leurs gamelles, chacun à son affaire, tandis que le vôtre n'est qu'à celles du Père. Pourquoi ne vous l'a-t-il pas dit ? Marie, là, je ne vous reconnais plus, du moins sur ces premiers moments d'angoisse aux jambes flageolantes, à la gorge serrée, aux larmes retenues sous un spasme nerveux qui défigure vos lèvres, agite votre pas. Perdre Jésus, c'était encore plus insensé que de perdre son enfant. Joseph est allé voir derrière les maisons les plus reculées de cette bourgade accueillante si, par hasard, l'enfant ne s'y trouvait pas, construisant ainsi le décor d'un cinquième mystère curieusement appelé *joyeux*.

Rien à faire, Jésus se cache, disparaît, fait le mort, et sur les siècles à venir, fuguera des âmes les plus ardentes attirées par son mystère, voire liées à lui par des vœux, surtout celui de tout donner à la seule condition de ne pas le perdre. En vérité, l'absence de Jésus présage le meilleur, signale qu'un travail secret s'effectue au fondement de l'être, là où par nous-mêmes, malgré nos soifs de sainteté, nous n'oserions descendre ; la nature, c'est bien connu, refoulant le vide.

Il était impossible de regagner de nuit Jérusalem, et Dieu ne le souhaitait pas, ni pour lui dont le travail d'enseignement ne faisait que commencer, ni pour vous dont l'épreuve était encore trop fraîche pour atteindre son but. Vous ne pouviez donc que dormir, et vous ne l'avez pas pu, repassant en l'esprit depuis la voix de l'ange, le parcours accompli sur douze années de soleil, de luttes et de soucis. Qu'aviez-vous pu faire comme erreur pour que Dieu vous retirât le souci de son Fils ? De votre côté, ô Immaculée, vous cherchiez la faille, et Joseph ne devait pas tarder à vous rejoindre sur ce versant, bien qu'il fût la parfaite image du Père, son double à s'y méprendre. Que faire ? Chez les saints, la démarche est constante : les yeux cloués sur l'idéal, ils clament leur ingratitude, la dénichent aux recoins de leurs actes, pleurent sur leurs péchés absents, y croient dur comme fer, si tu meurs, tu vas en enfer ! Ainsi, le couple le plus pur de la terre a cherché en vain durant une bonne heure le péché secret qui leur retirait Jésus. Quelle erreur de perspective ! Quand le comprendrons-nous ? Bien loin de s'enfuir du cœur misérable, Dieu le piste et le poursuit avec son comblement de grâces, demeurant plus proche de l'être sali que la salissure elle-même. Si vous cherchez Dieu, cherchez le pécheur ! En vérité, quand Dieu s'absente, c'est pour une œuvre plus haute que celle de la miséricorde, en principe déjà accordée en toile de fond de toute existence comme un ciel dégagé s'étend sous la main du peintre pour y placer son sujet. Le travail de transformation auquel Dieu s'attelle, et qui suppose en bien des cas sa disparition sensible au chevalet de notre âme, atteint en priorité les âmes choisies parce que les mieux disposées. Il faut le savoir, car l'absence peut durer, le temps de fignoler le chef-d'œuvre et de donner au cœur humain la grâce de se retourner vers son Dieu pour éprouver toute confiance. Que personne ne soit donc surpris de cette pédagogie, et n'en souffre pas plus d'une heure, à l'instar de notre mère, qui, sans dormir, parce que loin de Jésus, s'en remit au Père pour l'heure qui suivit et pour le lendemain.

Le jour pointait à peine, vos pas s'accrochaient aux cailloux, que vous étiez déjà sur la route de Jérusalem, marchant à reculons avec Joseph qui vous donnait la main, en la serrant très fort en signe de victoire. Et sont allés les psaumes, les uns après les autres, défilant sur vos lèvres, ramenant toute la gamme des sentiments humains, de la confiance à l'abandon. Sur le soir, dilatant vos yeux à l'obscurité de chaque ruelle, vous cherchiez le Fils bien-aimé, surtout Joseph, poussant de ses bras musclés les portes des caves, les entrées des maisons, priant sur les mots de l'ange un segment de rosaire. Rien à faire : l'enfant est invisible. Deux jours encore, il restera dans son sépulcre, et vous, ô Mère, dans cette oscillation d'alarme et d'espérance. « Montons au Temple ! Comment ne pas y avoir pensé plus tôt ? Dieu est là-haut chez lui, allons, pressons le pas ! » Ainsi, Marie, vous avez une fois encore, sous le souffle de l'Esprit, montré la route qui conduit à Jésus, celle qu'il faut prendre pour ne pas le manquer, surtout si depuis longtemps on l'a perdu. Vous me semblez courir, ô Marie, aussi vite que l'enfant se rapproche. À peine avez-vous franchi le parvis des Gentils que, sous le portique royal surplombé de ses majestueuses colonnades, vous apercevez la sainte silhouette. Votre cœur bat la chamade, Joseph s'essuie le front, l'enfant parle au loin, tantôt les bras croisés, tantôt les doigts levés, Philippe de Champaigne ne s'est donc pas trompé ! La finesse de l'adolescent semble faire des pointes et ne plus toucher terre, alors que vous, ô Marie, vous approchez, digne et réservée, drapée de bleu royal comme le Fils qui, dans le même tissu, s'est enveloppé. « Mon enfant, pourquoi nous as-tu fait cela ? » Et le ciseau descend de la main du sculpteur, burinant d'une seule parole votre âme, détruisant la matière pour que la foi surgisse plus vivante que l'humain : « Pourquoi donc me cherchiez-vous ? Ne saviez-vous pas que je dois être aux affaires de mon Père ? » En une seule phrase, et au présent, tous vos droits de mère étaient anéantis, et Joseph disparu sous le Père en majuscule. Il n'y eut de personne une reprise avec la voix ; la douleur, seule, descendait au fin fond de votre mémoire, faisant taper vos tempes en vertige d'enfièvrement. Les docteurs, médusés, depuis trois jours sous le choc de la science incarnée, durent à leur tour lâcher prise et laisser partir leur Dieu encore méconnaissable, sa main d'adulte en celle de ses parents, sage comme une image.

Sur les cent kilomètres qui restent, nulle question ne surgit, chacun savoure dans son être la place assignée par le Père : d'abord, Jésus, le fugueur, béni de Dieu, libre de ses mouvements, heureux d'avoir visité le temple et honoré de son respect les gardiens de la loi, versant, l'air de rien, une première lumière aux tables de leur esprit. Marie, de son côté, goûte en marchant, les yeux mouillés de larmes – est-ce que je me trompe ? –, le bonheur de savoir Jésus retrouvé, et son cœur travaillé par la valeur d'un mot directement adressé par la divinité de son Fils ; mot qu'elle gardera pour trésor avant de le vivre à la croix, laissant alors partir, avec élan et sous la foi, son Fils dans la mort. Si à cette heure vous ne comprenez pas tout, ô Marie, vous ressentez au fond de vos entrailles l'ouvrage secret du Père et du Fils, arrachant de la route toute entrave possible, exécutant point par point et avec une assurance implacable un plan hautement défini auquel vous adhérez de tout votre être à demi mutilé. Quant à Joseph, dont le silence n'est pas nouveau, il gravit ou plutôt descend inexorablement les marches de l'humilité courageuse, victime du mystère, tellement consentant au milieu de l'obscurité en laquelle sa foi se promène, qu'il en sera difficile de l'imiter sur les siècles futurs. Tant pis pour les disciples, que les maîtres subjuguent ! C'est tout ce que l'on demande pour continuer la marche, même en boitant, dans l'axe de la vie.

VII

L'envol de Dieu

Au retour de Jérusalem et de l'épreuve assénée par l'enfant pour le bien de tous, la primauté de Dieu, ses intentions, ses désirs, ses droits, ses variations et ses revirements ne firent plus un pli dans le cœur immaculé et en celui de Joseph. Chacun se tenait à l'écoute du moindre appel, prêt à l'inattendu comme à l'inadmissible. En la sainte famille qui désormais mérite bien son nom, le silence en forme d'écoute prit le pas sur toute volonté propre, sans causer toutefois de tort à la richesse de ses membres, les obligeant à donner *le meilleur d'eux-mêmes*, région éminemment habitée par la grâce.

Désormais Jésus n'a plus d'âge : enfant, adolescent, adulte, mais où donc est-il ? C'est évident : au-delà du temps ! Et bien qu'il y soit cependant, sa transcendance éclate comme les yeux au milieu de sa figure. À mesure que son corps se forme, que ses traits prennent leur place, que son intelligence et sa volonté s'exposent, sa divinité prend toute son allure, déploie son ampleur, s'empare de ses gestes et de sa voix de Verbe plus envoûtante que le cri des prophètes.

Pour vous, ô Marie, l'évidence est criante : Jésus, sorti de votre corps, sort du Père. Et à le regarder vivre, ce dont vous ne vous lassez jamais, par là vous entrez dans la connaissance absolue de l'Incréé. Au jour le jour, la perfection de Dieu prendra pour vous le visage d'une simple vertu que vous repérez en tous les actes du Christ, si fine par nature qu'elle pourrait être jugée secondaire. Vous l'avez deviné, aux mots fléchés du Ciel : c'est la délicatesse. En effet, qu'il mange, qu'il serve, qu'il prie, qu'il dorme ou travaille, cette humble vertu sévit en continu par-dessous, éclusant des flots de pur amour sous les gestes anodins, rendant de sa subtilité unie à la justesse d'esprit, Dieu présent sous les espèces du quotidien. Qui veut donc imiter le Christ doit commencer par là, par cette volonté farouche d'être délicat. Bien que pour vous, ô Marie, cette vertu fût d'un jeu facile, tant elle vous est connaturelle, en contemplant votre Fils elle vous prit en otage, aiguillant le désir de la vivre sans faille. Il faut dire que sur trente années, de votre grossesse où il fut déjà adorable jusqu'à son brusque départ en prédication, pas une fois vous n'avez observé en lui le moindre éclat d'indélicatesse. D'aucuns se jetteront sur la scène du temple où, le fouet à la main, Jésus en Attila rua dans les brancards pour arguer du contraire, mais mon Dieu qu'ils se trompent ! Vous m'avez vous-même assuré que ce jour contint plus de lumière et d'amour que toute l'enfance du Christ, et que sa verte réponse appuyée sur la parole du prophète : « Le zèle de votre maison me dévore », bien loin de vous surprendre, vous induira à l'heure du Calvaire à offrir votre fils de manière forte et résolue.

Années longues et sans à-coup : nuits, jours, saisons, regards, sourires, silences, paroles, prières, travail, le tout sans que l'amour ne s'émousse un brin et ne perde en croissance, même si parfois, vous le reconnaissez volontiers, sans vouloir changer quoi que ce soit au réel voulu de Dieu, vous avez été surprise de ses choix. Que le Fils bien-aimé, de seize à trente ans, mette la main à la pâte à bois, passe ses journées dans l'atelier paternel, scie des planches, répare des fenêtres, sculpte de petits agneaux pour les enfants de Nazareth, pourquoi pas ? Cependant, Dieu en terre pour si banal et si peu, la tête vous tournait ! En vérité, ici gisait la grandeur de l'intention divine dans laquelle progressivement vous êtes entrée à mesure que les années du Christ nous apprenaient tous à vivre et à travailler. C'est dire qu'après les éclairs de surnaturel inondant votre ventre, de l'annonciation à la naissance, c'est l'humble vie qui s'est donné le droit de vous reprendre et de vous conduire. Et cela vous allait bien, ô Marie, vous qui vouliez vivre, la plus cachée possible, la gloire enfouie de la virginité pour honorer le Père. En passant sur ce mystère, qu'il me soit permis de rappeler que ce choix premier de la virginité (à ne pas renfermer au destin de l'hymen) vous invitait avant toute autre chose à une telle confiance en votre Époux divin qu'aucune question ne parvenait à jaillir de vos lèvres. La préservation du cœur et du corps livrés à l'amour choisi ferme la bouche à toute curiosité dont les furetages sont le signe d'une inconvenance à l'endroit de l'aimé. Mille questions prouvent la défiance, voire l'impudeur, et pas une seule ne sortit de votre gorge sur les quinze années où tous les jours vous vîtes Jésus partir pour l'atelier.

Un matin, il devait en revenir tout essoufflé, pour vous dire de son regard aigu, comme aux jours de ses douze ans dans le temple, que Joseph venait de tomber au pied de l'établi, et qu'il vous attendait sans voix sur un lit de copeaux. Tous deux, vous avez couru par les ruelles, marché à grands pas sur les derniers mètres, enfin poussé la porte, pénétré dans la pièce ensevelie de bois, trouée de rayons de soleil, le temps d'apercevoir son corps, de vous mettre à genoux, de glisser sous son cou votre main d'épouse, et qu'il ne meure, sans un mot, comme il convenait. Pour seul testament : son corps dans la lumière, talqué de sciure des pieds à la tête. C'est là que lentement, sanglots dans les yeux, le fils du charpentier dessinera de son pouce une croix sur son front. Ce geste vous surprit.

Joseph en terre, le noir commença à dominer. Notre Dame des Douleurs entamait son calvaire, d'autant plus que Jésus venait de vous annoncer que « l'heure était venue », et que bientôt Jean Baptiste, dont il suivait le parcours, ne tarderait pas à *diminuer* pour que le Messie *grandisse*. Comme toujours, Immaculée, mais cette fois-ci, en Mère du Sauveur, vous avez acquiescé de tout votre esprit, tremblant pour votre enfant condamné plus que pour vous qui vous retrouviez seule. Faut-il le redire, depuis longtemps, vous n'avez plus d'histoire propre ; votre être s'égare et se dissout en ceux du Père et du Fils. Oui, je le redis, parce que de ce côté-là, nous flanchons misérablement. Le Christ a beau marteler la vérité : « qui perd sa vie la gagne », peu y croient. Ainsi l'enfant dont vous hâtiez malgré vous le départ s'en est allé un beau jour de sa maturité, beau et soyeux comme un agneau, prêt pour le sacrifice. Interminablement, à l'instant du départ, tant que sa silhouette ne devînt une ombre, vous l'avez suivi des yeux sans qu'il ne se retourne. On a beau vivre de foi, le corps émeut, et de sa seule présence, en nous reliant les uns aux autres, il soulève l'âme, l'emporte au surnaturel de la vie. Si cela n'était vrai, pourquoi le Christ eût-il voulu que ses mains, ses pieds, son cœur fussent entaillés ? Et pourquoi l'eucharistie, si ce n'est pour que son corps nous soit donné ?

À peine parti, Jésus a subsisté de toute sa réalité au centre de votre cœur, et vous l'avez suivi au détour des nouvelles que votre vie mystique vous apportait, chemin divin tracé dans l'âme qu'il ne faut point négliger si l'on veut comprendre à quel point votre chair est la sienne. Qu'il me soit permis de penser, contre toute logique, que l'Esprit, votre Époux, à la demande du Fils, vous associait de près aux routes qu'il empruntait. Comment, au cours des temps, les saints et plus encore les saintes, à la Brigitte, à la Gertrude, à la Gemma, auraient bénéficié de lumières dont vous n'auriez pas reçu un seul éclat, pour la seule joie des théologiens de vous voir marcher dans la foi pure ? Non ! Votre sacrifice n'est pas encore de ce côté-là. Vous aviez mieux à faire que de marcher dans l'obscur : il fallait porter le Fils au milieu de ses désirs, de ses plans, de ses combats. C'est donc par le Ciel que vous avez appris que Jésus se rendrait aux noces de Cana.

Ainsi, le tableau de Véronèse – parfaite représentation du réel aux couleurs vénitiennes – vous laisse au côté du Christ, malgré la grandeur du mariage, aussi triste qu'avertie. En bénédictine promise à la prière d'imploration, un voile endeuillé couvre votre tête, alors que Jésus, hiératique de divinité, se détache du bas monde aux allures de grand. Vous ne pouvez imaginer, ma Mère, la joie qui m'étreint en voyant que sa robe sans couture est, sur ce tableau, du même tissu que la vôtre. Il reste votre Fils, certes, celui qui vous transcende – mais qui voudrait vous séparer, sous prétexte de laisser à la divinité son envol, perdrait alors le fameux sablier que le peintre installa sur la table des musiciens, et qui chante de son sable le bonheur divin de vivre dans le temps.

L'histoire de Cana est archi-sue, dommage ! il faudrait savoir en garder la chute comme un trésor de sens à donner seulement à qui le cherche vraiment. Mais enfin, suivons-la tout de même aujourd'hui pour vous trouver. Le vin n'est plus, à force de couler aux gorges déjà repues ; cependant, il ne manque plus à la fête, il convient de le redire, si l'on veut comprendre votre compassion maternelle. Car il s'agit bien de compassion, bien qu'habituellement l'on vous réserve ce visage pour l'heure de la croix où la mort de Jésus broie vos os, vous désire à sa place. La compassion de la mère face à l'enfant qui meurt est si naturellement partagée que pour vous, ô Marie, il convient de la faire remonter plus haut, et de la contempler, se déversant déjà sur vos parents âgés, sur la cousine Élisabeth, sur les pauvres bergers de Bethléem, sur les mages exténués, sur les Saints Innocents qui vous tourmentent encore – et sur les époux de Cana qui ne manquaient de rien, si ce n'est d'un peu de vin pour que la fête continue. Vraiment, Marie, l'on peut tout vous demander, du nécessaire au futile, dès l'instant où la joie entre en jeu et se met en péril. C'est d'ailleurs peut-être par là que votre succès s'explique : par votre inexplicable compassion qui, en passant, se mêle de tout.

Quelque peu en retrait, en cet instant, telle que vous apparaissez sur la toile du maître véronais, vous osez ces trois mots : « Ils n'ont plus de vin. » La réponse est cinglante, elle descend en courant de la divinité qui ne saurait dépendre de quiconque, fût-elle la Mère de Dieu : « Que me veux-tu, femme ? Mon heure n'est pas encore venue… Pourquoi précipiter le temps du carnage ? Comment ! du sang, déjà ? Est-ce vraiment ce que tu sens devoir couler dans les outres humaines ? Le sang de ton enfant, de ton Dieu, de ton amour ? Femme, tu es folle, folle de miséricorde, folle de salut pour l'humanité tout entière ! » Là, Jésus reprit sa fixité première, auréolée d'or au goût du maniériste, tandis que vous filiez au camp des serviteurs forger l'esprit de soumission. « Faites tout ce qu'il vous dira », c'est votre ordre majeur, le seul ordre que vous ayez jamais donné, la source de tout bonheur à qui veut bien s'y rendre. La suite est attendue mais peu connue en cette lumière : vos larmes, ô Marie, ont constitué la matière sacrée de cette eau versée aux jarres des hommes, participant ainsi, dans les coulisses, toujours voilée comme il vous plaît, à ce premier signe non sanglant de la rédemption.

Le prodige accompli, la peur vous a gagnée l'espace d'une image, à la pensée du sang à venir qui vous sembla si abondant qu'en votre imaginaire la terre entière en fut rougie. Mais Jésus, à la table, souriait, parlait aux convives du nouveau vin, en profitait pour les instruire. C'est aussi ce jour-là que vous avez appris par Pierre, Jacques, Jean, ou André, ou peut-être Nathanaël, je ne sais, la survenue de votre enfant sur les bords du Jourdain – et rien alors ne vous parut plus beau et plus vital que ce corps exemplaire, tête baissée sous Jean Baptiste, immergé aux eaux de la pénitence ! Que le monde suive, ce fut votre prière ! Quant au désert où il passa quarante jours dans le jeûne et les combats, dès le premier coup d'œil, en arrivant à la noce, vous aviez noté le profil émacié de votre enfant, semblable à celui des prophètes, profil que d'ailleurs, il ne perdra jamais plus. Par la suite, ses repas à la table des pécheurs où la nourriture abondait, objet des récriminations pharisaïques, rencontreront sa voix bien plus que son ventre. Le Christ est un ascète, n'en déplaise aux bons vivants. D'ailleurs, le voici qui se lève, entouré des siens qui déjà le vénèrent, du moins pour le moment. Juste avant le départ, il vous cherche, vous voit, vous aime, vous trouve, saisit vos mains, ô Marie, les joint et les embrasse, tandis que vous vous jetez petite et adorante à ses pieds. Il vous laisse faire. Et tous vous envient.

En sortant – le geste m'atteint et par conséquent je le redonne – un à un, les cinq premiers apôtres passent devant vous, et profondément s'inclinent pour la joie du Christ qui d'un seul regard de feu les approuve. Ainsi le culte marial, inauguré par Élisabeth au jour de la visitation, célébré par les bergers et les rois dans la nuit de Bethléem, enrichi quotidiennement par Joseph artisan, s'étend à Cana sur le cœur des disciples, impressionnés par l'amour que le Fils vous porte et l'ascendant qu'il vous accorde.

Ce fut un bel après-midi que les femmes vécurent ensemble, près de vous, à l'angle d'une jalousie candide. Puis, vous avez suivi le Christ, au rythme des apôtres, jusqu'à Capharnaüm en la maison de Pierre. Qui, après Cana, vous enferme à Nazareth, ne connaît pas votre âme assoiffée de Soleil.

Sur la semaine suivante, vous n'avez pas lâché l'irradiation du Fils ; plus docile qu'un nouveau-né, sans prendre de place, et à votre rang, derrière les hommes, vous avez appliqué votre oreille à ses lèvres, ne perdant rien de sa voix, heureuse de le voir enfin mettre en mots la sagesse increéée. Quelques jours *encore* près de lui, avant qu'il ne file, fouet en main, en direction de Jérusalem et que vous ne repartiez maternellement inquiète, divinement tranquille, vers Nazareth, la terre de vos contemplations. Là, au silence de votre vie, le combat fait rage. Qui oserait le croire ? Comme ils se fourvoient ceux pour qui la sainteté s'achète hors des soucis, perdue dans un enclos rêvé où la prière envoûtant le cœur, le suspendrait béat au-dessus de la mêlée humaine ! Quelle perversion, quel égoïsme foncier ! Bien que vous fussiez parfaite, et que le septième ciel constituât votre demeure habituelle, vous avez voulu l'être davantage en oubliant que vous l'étiez, choisissant d'honorer le labeur quotidien de tout votre corps, n'esquivant aucun effort, même s'il ne vous coûtait point, assumant tous les gestes de la vie solitaire sans l'aide de quiconque, même si parfois, un ange plus invisible que jamais, prenait avec vous l'anse du seau que vous sortiez du puits. En matière de charité fraternelle – matière sacrée, car sur ce point Jésus depuis l'enfance faisait montre d'une excessive rigueur –, rien ne vous arrêtait, ni services à rendre, ni gestes gratuits, ni cuisine à partager, ni malades à visiter ; beaucoup de votre temps filait pour le bonheur de tous, tellement contents, sans le savoir, de côtoyer l'Immaculée.

La mort glorieuse de Jean Baptiste, rapportée par ses disciples, fut une lourde épreuve ; elle emporta vos pleurs jusqu'à Ein Karem – laissez-moi vous y conduire, ce geste vous ressemble – où de nouveau, mais cette fois-ci sans joie, vous avez consolé et sauvé de la sorte votre pauvre cousine qui s'en souvient encore.

Quant aux heures qui restaient, elles continuaient de battre pour l'amour promis, en forme de prière, âpre certains jours, pour nous donner courage, extatique en d'autres, pour nous tirer plus haut. C'est dire que votre vie n'a pas été jouée ; en votre âme, l'alternance des saisons battait son plein : de l'hiver à l'automne, sans briser l'équilibre, elle passait d'ombres en lumières. Et quand la nuit tombait, l'enfant, courant derrière les âmes, enserré de critiques, enveloppé de démons, et par-dessus le marché sans pierre pour reposer la tête, ne cessait de vous poursuivre et de blesser votre mémoire. Au fort éclat des bûches disposées dans l'âtre, renvoyant la clarté sur vos yeux pensifs, il vous semblait le voir devant vous, avec ses cheveux noirs, sa barbe taillée, ses longs doigts effilés, prêts à saisir les vies par le bout de son amabilité. Peut-être, au-delà de l'image, était-ce vraiment lui. Qu'importe, il vous manquait. N'en soyons pas surpris ! Aucune imperfection ne surgit d'un besoin de présence ; l'amour l'exige, et qui s'en passe, n'aime pas avec le ventre.

Certes, vous souteniez son absence, mieux, vous l'appeliez de vos entrailles ; n'était-il pas né pour que tout homme le voie, l'entende, le touche, le suive, le tue, le glorifie ? Alors ? alors, la paix... la paix dans votre âme, ô *Regina pacis*, la paix des puissances, entièrement remises au bon plaisir du Père qui, d'un pouce, comme vous, ne lâche pas le Fils. De votre esprit, sans la circonscrire, sous la foi pure, vous arpentez jusqu'au moindre recoin de sa mission, la faisant advenir ou la protégeant par la poigne de votre prière, l'effusion de vos sacrifices, l'impeccabilité de vos actes.

Corédemptrice, vous l'êtes jusqu'au centre de l'intention. Que les théologiens, du moins les plus libres comme le vent que l'on appelle Esprit, par pitié, se rendent à Nazareth pour le saisir. Le Christ d'ailleurs les y attend, car il vient lui-même d'y revenir à l'improviste, comme il reviendra à la fin du monde, suivi des apôtres qu'il vous présente au grand complet : Pierre en tête, Jean, derrière, et les autres dont Judas. Enfin, vous frémissez, comme toujours, d'ardeur et d'inquiétude. Mais la présence est là, et tout se dépasse en Jésus qui de sa grâce conduit toute chose, y compris le drame à son terme heureux. Rejoindre la synagogue au plus vite, voilà son désir, et il vous le dira sans tarder pour que vous l'accompagniez auprès des brebis d'Israël, aujourd'hui, nazaréennes, archi-connues depuis l'enfance et dont certaines reçurent, souvenez-vous, les petits agneaux de bois sculptés par un charpentier en herbe.

Sous les barbes, les questions caquettent bon train ! « N'est-ce point le fils de Joseph, le charpentier ? » Oh ! que le bon sens peut nous jouer des tours ! Et on l'enveloppe de grands sourires dont on ne peut encore déceler la nature, bien que l'on sache depuis des lustres « qu'aucun prophète n'est reçu en sa maison ». En chemin, bras dessus, bras dessous, Jésus vous racontera la sortie nocturne du grand Nicodème, docteur de la loi, analphabète de l'intention divine, muré dans l'impossibilité de renaître hors du sein maternel, et il vous dira sa joie d'avoir dilaté son âme à la dimension mystique. Israël est prêt, c'est l'heure du Père, mais le Fils, le recevront-ils ? « Femme, prie ! » lance le Christ à la seule médiatrice parmi toutes les femmes avec qui, maintenant, il entre dans la petite synagogue de son enfance.

Amis, ne soyons pas surpris d'y voir entrer Marie ! En ces temps, les femmes fréquentent la synagogue, pénètrent dans le temple, s'approchent du Saint des Saints. Pus tard, pour les âmes renées de l'Évangile, Jésus ira plus loin, il voudra qu'elles soient assises au même rang que leurs maris, au plus près des tabernacles et qu'elles encombrent même le premier rang. En ce temps d'avent qui ouvre la vie publique, il n'est pas étonnant que le passage offert au hasard des doigts fût au livre d'Isaïe : « L'Esprit du Seigneur est sur moi, parce qu'il m'a oint », et le pauvre Roi bientôt déchu continue : « Il m'a envoyé proclamer aux captifs la liberté et aux aveugles le retour à la vue, renvoyer libres les opprimés. »

Marie, une fois encore, sous les mots du Fils, vous jubilez, retrouvant votre *Magnificat*, signé par Dieu ; il n'y a plus de doute, vous pouvez donc continuer de le réciter par cœur ! En vérité, depuis trente ans que vous le lancez vers le Ciel à haute voix, vous avez placé dans la voix du Bien-Aimé qui vous entendait ces mots justes, certes, venus du Père, un jour d'Isaïe, mais hier de vous. Aujourd'hui, ils sont au Christ, et par lui, trouvent leur accomplissement. Qui vraiment n'entrevoit pas ici votre médiation fait partie des aveugles.

Il était temps que le Christ vînt pour cette « année de bienfait » promise par le Père, et qui en raison de l'endurcissement des esprits, deviendra *trois*. En cette heure, qu'importe l'issue, vous, ô *Mater pietatis*, vous ne vous lassez pas d'entendre votre Fils, qu'il lise ou qu'il commente, à l'oreille ou à la foule, c'est toujours pour votre âme sanctifiée la même vibration, la même joie de boire à la source éternelle. Ce jour-là, vous avez cru quelques instants à la victoire annoncée sous les mots de l'ange : « Il sera grand ! » Jésus fut en effet regardé, admiré, envié, adulé, applaudi, et nulle feinte ne semblait sourdre au tréfonds de ces cœurs simples et terreux.

Mais Jésus, comme toujours, ne s'attardera ni sous les acclamations, ni chez vous, ni en lui, car les âmes sont premières. Tout de suite, il partit pour Capharnaüm où l'attendait la prophétie d'Isaïe.

Quant à vous, il vous appartenait de continuer la route en plein silence, cachée de tous, blottie dans une espérance que personne, pas même la croix, ne parviendra à vous ravir. Certes, en dessous de votre Fils, mais si proche, vous avez souffert toutes les peines du monde, emmurée au village de Nazareth, sans échos ni nouvelles, si ce ne furent parfois des mauvaises : Jésus traqué, Jésus épié, Jésus chassé, et pire encore pour vos yeux de mère : Jésus fatigué, Jésus épuisé. Rien à faire, il y a dans votre chair la sienne qui bat de sa propre vie, et en votre esprit, perceptions, appréhensions, émotions, qui reposent sur du vrai. Jésus prie tant pour vous ! Et la prière n'étant que la respiration de la pensée aimante, l'union mystique prend corps immanquablement, mais sans enchantement, vous gardant présents l'un à l'autre en des proportions inimaginables, et c'est pourquoi, j'en reste là. De temps en temps, en bord de chemin ou de champ, le visage radieux d'un ancien possédé, les jambes alertes d'un infirme, la peau renouvelée d'un lépreux, vous disent la grâce de votre Fils – et la journée s'illumine sous le salut qui menace. Au-delà des miracles qui ne surprennent pas votre foi, c'est toujours la voix du Christ que vous recherchez et à laquelle vous renvoyez inlassablement les êtres graciés. « Qu'a-t-il dit ? Par pitié, dites-moi un mot de lui ! » Passionnée du Verbe, la salive du Christ dans la bouche des muets ne vous émouvait pas, et s'ils retrouvaient la parole, de la cause à l'effet, pour vous, nulle séduction. Bien entendu, au récit de la guérison à distance de l'esclave du centurion, au soulèvement d'un jeune cadavre rendu vivant à sa mère, au troupeau de cochons envoûtés jusqu'à l'os fonçant droit dans la mer du haut d'une falaise, aux cinq mille pains soudainement apparus, vous frémissiez de stupeur, cependant, je le redis, seule la voix vous importait, et l'appel des Béatitudes escorté du grain de sénevé, de la drachme perdue, de la perle cachée, du levain dans la pâte, du sel de la terre, de la lumière du monde, en passant par la porte étroite, vous portaient au sommet de l'extase, enlisant de mille coudées la tempête apaisée et le ballet du Fils sur la grande bleue. Que voulez-vous, *Et Verbum caro factum est*, ce n'est pas du vent ! Dans votre chair, ô Marie, prit forme la Parole, et en en sortant, la nostalgie des mots s'est introduite ; la soif de l'entendre clamait en votre intelligence.

Une fois seulement, n'y tenant plus, le sachant à Capharnaüm, vous avez fait route, accompagnée de ses cousins. En arrivant à la maison de Pierre, sous un silence que dominait le timbre du Christ, vous avez rejoint l'essaim d'abeilles qui de sa voix faisaient leur miel. Dedans, dehors, les êtres se pressaient à l'écoute du Maître ; pour rien au monde, vous ne l'auriez interrompu, trop heureuse de voler quelques bribes de sagesse éternelle. Inopportunément, quelqu'un dont le nom n'a pas été gardé, mais on lui doit tout de même une fière chandelle, croyant bien faire, rompit l'écoute, interpellant Jésus avec votre nom sur ses lèvres : « Votre Mère est là, dehors, qui désire vous voir. » La réponse sera nette et sans espace, apparemment coupante et peu filiale, mais en vérité, bénissant votre propre vie en son mouvement le plus constitutif : « Ma Mère et mes frères sont ceux qui écoutent la parole de Dieu et la mettent en pratique. » Bien loin de vous renvoyer aux limites de l'univers familial, le Fils bien-aimé révèle à l'Église l'œuvre de l'Esprit en votre vie soumise au Verbe. En vous, doublement mère, le sommet de la parenté est atteint ; le plus beau compliment vient de vous être adressé, à vous qui passez votre temps à coudre en vos pensées et sur vos gestes la doctrine évangélique à peine ébauchée.

En fin d'après-midi, sous un soleil de feu, vous avez pu lui embrasser les mains, parler avec lui, poser vos questions, recevoir ses lumières, grandir encore et encore en son amour. Bien que la foule le pressât, il semblait avoir tout son temps. Ce soir-là, il eut du mal à vous quitter. Disons-le : pas un disciple ne parvient à votre cheville ; de l'amour qu'il vous donne, rien ne se perd ; votre écoute est parfaite, et vos actes sans distance avec ses pensées, si bien qu'il faut aller jusque-là : qui ne voit en vous que la mère de Jésus, blesse son cœur. Pour y revenir, nos frères aujourd'hui protestants, perclus de rationalité, n'accèdent plus à l'admiration que l'Éternel vous porte. En vous réduisant au prêt de votre ventre, ils perdent l'*exemplar*, le modèle, l'original du parfait disciple célébré par le Christ, à l'instar de cette femme, jalouse de vos seins sucés par le Messie, et à qui il répondra que votre grâce foncière fut d'enfanter la parole de Dieu et de vouloir la mettre en pratique. Il faudrait que nos frères se ravisent, car de leur côté, l'erreur est criante. Non seulement ils vous relèguent, textes en main, paraît-il, là où leur idéologie vous place, mais plus infamant encore, ils font de votre fils un irrévérencieux de premier ordre, régurgitant votre maternité sur la place publique. C'est assez ! De temps en temps, à contre-temps, et contre l'air du temps, disons, qu'elle plaise ou non, la vérité toute nue.

Ô Immaculée, Mère du Créateur, Fol amour de Jésus, puisqu'il vous le demande, « l'heure est venue », rentrez à Nazareth au jardin du silence pour façonner le cœur des hommes qui vous font confiance, et porter le combat qu'exige notre enfantement.

VIII

L'enfantement décisif

Marie recluse. Je vous veux dans cet état et vous reçois priante et pourtant travailleuse, nimbée d'un silence *impressionnant* la lumière, tombant sur l'âme étrangère à elle-même, envahie par l'amour qui, de son incandescence, pourrait la brûler, mais qui de fait, se contente de la fondre. Plus les années passent, et plus vous disparaissez au creux du lit nuptial en l'étreinte de l'unité divine. Vous touchez Dieu trine, et ce n'est pas nouveau, et lui vous touche, plus encore, vous pénètre, vous absorbe, vous possède, en vous laissant pour seule grâce de vous laisser faire. L'union est de chaque instant, l'embrasement constant sous les heures qui défilent, mais vous ne mourez pas, le cœur tient bon, il faut attendre encore que la plénitude de grâce octroyée de manière prévenante à votre être, naisse de la croix dont les montants sont encore arbre vert.

En un instant éternel, et il convient donc de le vivre au présent, vous ressentez l'imminence de la rédemption, cette *Heure* que vous avez hâtée en sa préfiguration, donnant ordre aux serviteurs de ne pas résister à l'appel du Maître ; et c'est à vous, maintenant, sa servante, qu'il revient de verser l'eau d'obéissance aux jarres de sang qui laveront la terre. Ainsi, par une grâce mystique, aussi précise que de haute volée, traversant les puissances, l'âme, le corps, de l'esprit à la moiteur des doigts, vous savez d'un éclair que les temps sont venus, que le garrot doit céder. Prendre la route, marcher encore, cent dix kilomètres sous un soleil fort, alors qu'en ce moment, sur un âne ballottant ses oreilles au vent des palmes, votre fils est acclamé en enfant du peuple devenu roi. À chacun son tour de porter l'effort. Du fils sur la mère, le ressac habituel des peines et des joies ! Puisse notre monde croire en cet échange et le vivre. Si les âmes ne passent de l'une en l'autre, si des substitutions ne s'opèrent, si les fardeaux ne s'échangent, le cœur ordonné au partage, destiné à l'amour, racorni d'égoïsme, craquellera jusqu'à ce que mort s'ensuive. Avec le Fils, ô Marie, bien qu'il fût Dieu, tout vous était commun. Nous ne savons plus vivre de la sorte ; je n'en fais pas mon deuil, je veux le renverser.

Aux longs chemins qui dévalent en direction de la mort, personne ne vous accompagne ; la prière est trop dense et l'heure trop grave pour partager l'inévitable légèreté de propos de voyage. En vous, la Trinité appelle à toute réserve. Quelques mots échangés, peut-être, plus assurément quelques inclinations de tête en croisant des visages en retour de ville sainte, mais guère davantage. Ce n'est pas que le cœur ne veuille se répandre, mais il a mieux à vivre à l'intérieur où se trouve le Fils, jouant sa vie dont vous êtes si fière. On vous veut trop humaine au sens de notre ressemblance, et l'on s'égare et l'on vous perd, y compris dans les rangs catholiques. On oublie votre foi sans mélange, votre amour intégral, votre espérance impeccable.

Bien sûr, que personne ne s'offusque !, vous n'êtes pas divine, c'est entendu, mais en bas de la matière, vous n'habitez pas non plus. Vos réactions ne sont pas les nôtres, et vos pensées sont en Dieu plus qu'en nous. Oh ! que j'aime vous voir marcher résolue au chemin de Jérusalem où l'on tue les prophètes. Oui, je me réjouis de cette place unique que vous occupez entre terre et ciel et qui nous donne une chance, en vous suivant, de monter avec vous au-dessus de nous-mêmes. À force de vous *humaniser* en vous ramenant à nos mesures, nous ne saisissons plus, du moins les moins pauvres d'entre nous, ce qui en vous rayonne à l'approche du drame. Vous allez perdre l'enfant, déchirer votre âme, et pourtant, de loin, vous saluez déjà l'intention du Christ et vous la bénissez.

Ici, que tous le reconnaissent : vous ne nous ressemblez pas. La mort du Christ est votre joie. Je le pressens et je le dis. Là encore, des voix s'élèveront, crieront au scandale, couvriront vos joues de larmes et votre esprit de tourments, croyant ainsi vous dessiner plus consonante avec l'humain, vous rendre plus réelle, en sœur siamoise de notre humanité défoncée par le doute et par le désespoir. Que l'on se rassure ! Penser ainsi n'est pas dire qu'en vous la douleur est absente, bien loin de là ! Mais de vouloir ce que Dieu veut, aussi intensément que vous l'avez voulu, vous confère un élan qui propulse vos désirs hors de vous, telles ces fusées d'artifice qui montent et tardent aux ténèbres du ciel avant d'éclater en bouquet de splendeur. Ce regard vers l'éclatement final ne vous a pas quittée, et c'est pourquoi vous marchez à présent avec tant d'allant. Adieu les madones sulpiciennes aux visages effondrés, adieu les vierges théologiques froides comme des idées – et vive la vraie Madone, la mystique, l'Immaculée, le trône de la Sagesse, l'engendreuse de foi !

Et puisque nous en sommes là et que les mots montent à mes lèvres sous l'admiration que vos pas décidés suscitent en mon être, qu'il me soit permis pour vous louer de libérer les gestes. Jadis, on refusait, sans doute à bon escient, de poser un genou à terre devant vos autels (bien que ce geste fût chevaleresque avant que d'être liturgique), de manière à préserver le caractère divin de la génuflexion en l'orientant exclusivement vers les tabernacles. Aujourd'hui, après avoir relégué la présence eucharistique dans les recoins d'églises, on a décidé que pour la saluer, une simple inclination suffirait amplement. Décidément, en tout domaine, notre temps laissera l'image d'un monde court et pressé qui ne s'étend pas, sinon sur des sofas pour contempler des écrans ou livrer ses secrets au dieu psychologue ! Bref, la génuflexion n'ayant donc plus rien de divin, je propose que la Mère en bénéficie amplement. Et que l'on s'attarde. Qui sait si par cette effusion vénérable, la Matrice ne nous accorderait pas la grâce de retrouver le goût de la démesure sans laquelle l'amour ne mérite plus son nom.

Mais revenons à vos pleurs qui ne coulent pas. À Jérusalem – et je reste au présent éternel –, vous savez à quelle porte frapper pour y trouver non seulement logis mais affection, mais là n'est pas votre souci ; ce n'est pas à vous qu'en cette heure vous pensez, mais à lui, exclusivement à lui qui doit être contemplé, tenu, suivi, porté au plus intime du cœur et de l'esprit sans qu'aucun élément venu de l'extérieur ne perturbe votre enfantement. Les femmes, les nôtres, apeurées même par la vie qui sort, veulent être accompagnées d'un bataclan médical, passe encore, mais aussi de leurs maris tremblants, sous la péridurale qui bloque leurs désirs en contractions. Certes, c'est leur affaire, mais elles la perdent en intensité sous l'intimité manquante. Dommage ! Vous Marie, vous avez voulu rester seule en ces derniers jours de grâce, jusqu'à l'heure du chemin de croix où Madeleine et Jean, vous reconnaissant de loin, ne purent que s'approcher, tels l'or et l'encens, de la myrrhe en parfum de résurrection que vous teniez en main.

Ce soir, pour la dernière Pâque, alors que l'Agneau se prépare, je ne sais pas où vous êtes. D'aucuns prétendent qu'au Cénacle vous vous seriez rendue pour la célébration de la première messe. Je vous préfère seule, car je ne puis imaginer, si vous aviez été présente, que le Christ au sujet de son corps et de son sang, ne vous prît à sa droite. À mes yeux, vous êtes donc seule, quelque part, très-haut, dans le Père, le Fils et l'Esprit, loin du sacerdoce ministériel qui, ce soir, fait ses premiers pas. Au fond, en cette nuit, peu importe le lieu où vous êtes, soupente, auberge ou temple, l'essentiel est que de toutes vos forces spirituelles, vous demeuriez – et le verbe sonne juste – polarisée par l'Heure annoncée depuis la création du monde.

Nouvelle Ève jusqu'au bout de l'âme, responsable de la foi naissante en l'Église encore incertaine, vous priez de tout votre être ramassé sur votre pensée, déjà blessée par le glaive tournoyant dans votre chair, tandis que de votre esprit vous talonnez Jésus en son jardin préféré, celui des Oliviers, dont un arbre millénaire abrite sa forme sanguinolente. Intérieurement pour n'avoir pas le droit d'être présente, car il faut que l'angoisse *triste à mourir* atteigne l'âme du Christ et la broie, vous portez avec lui aux fibres de votre corps qui est le sien, certes, sa mission, mais en tête, la première souffrance qui l'étreint à l'idée de se couper de vous par la mort, fruit du péché qu'il n'a jamais commis mais dont il est à présent l'incarnation. Quelle que soit la splendeur du Verbe et sa liberté souveraine, il y aura bientôt l'œuvre d'épouvantement – la mort ! qui disjoindra les corps, brisera l'union la plus précieuse. Bien qu'éternelle, ô Marie, votre communion au Christ souffre violence. En aucun instant, sépulcre compris, Jésus ne perdra le Père auquel il est uni hypostatiquement ; que ce dernier se cache, c'est son affaire, mais il n'empêche qu'il est là, au centre de son être, visiblement invisible sous l'ange qui dans le jardin ne dit mot. Avec vous, *Mater admirabilis*, il faudra consommer la rupture, sortir de cet état d'amour unique, semblable à celui qui régissait les âmes du couple initial. Vous, Marie, milieu divin par excellence, berceau de l'humanité du Christ, citadelle de sa beauté jalousement protégée sur trente ans de vie commune, creuset de toutes les confidences, preuve tangible de la nouvelle création, chef-d'œuvre de sagesse, sommet humain pour la divinité du Fils, écrin de son amour infini, vous êtes la cause première du sang échappé de ses veines. Non ! je ne déraisonne pas ! L'angoisse du Fils de l'homme est celle de vous quitter en sa nature humaine, et en la vivant sous les perles de sang, il assume en sa chair effondrée, la brisure primordiale, cette satanée mort qui de fait sépare. En souffrant de vous quitter, et en tenant à l'esprit la peine qui vous déchire et près de vous, déjà celle de Jean, vive et brûlante comme sa jeunesse, c'est le péché en son fruit maléfique qui pénètre en lui et le tue. Au fond de votre prière, en abîme, ô Marie, vous vivez mystiquement de la même mort que vous savez tous les deux rédemptrice.

Mais la mort reste la mort. Bien que vous soyez là de tout votre être priant, Jésus ne perçoit rien de votre amour désormais absent, et il faut qu'il en soit ainsi pour que l'angoisse imprègne et domine le cœur de Dieu, et qu'elle soit portée, et par là même, réparée en son tréfonds. Dans l'âme du Christ, tout le monde dort, y compris l'amour, le Père et vous. Et il n'y a plus d'issue. Jésus demeure en cet état unique de déréliction, attendant sans nulle préférence que le Père l'en délivre, excluant le désespoir qui serait un moyen d'en sortir. Bien sûr, il sait que vous êtes présente de tout votre être sanctifié, en vierge sage, partageant son combat, lampe à la main, mais il ne ressent rien. C'est la mort de l'amour, c'est la nuit, car la volonté de Dieu ne connaît pas de couchant. La coupe n'est pas écartée ; veiller s'impose, porter se doit, pleurer, saigner, s'il le faut, mais surtout qu'aucune affection fût-elle divine en son essence, ne suspende l'ombre d'un simple détail attendu par le Père. Sur ce point aussi, vous êtes en parfait accord, si bien que pour rien au monde, pas même pour le sauver, vous ne seriez allée au jardin refermer sa tristesse. Mieux, vous désirez ensemble – et tant de fois à Nazareth en aviez-vous parlé larmes aux yeux et corps partants – que la croix salutaire plantée dans la terre commune de vos deux cœurs porte un fruit, *celui qui demeure*.

« Père, l'heure est venue, glorifie ton Fils pour que ton Fils te glorifie. » Jésus se relève, essuie le sang qui coule aux tempes de son courage, cependant que vous, ô Marie, *Maison d'or*, vous continuez de garder en votre insomnie la terrible agonie du Fils bien-aimé. De tout votre corps pourtant blotti dans la confiance largement établie, maintenant vous tremblez au jeu des dagues et des épées venues chercher le prince de la paix. De loin, mais si près, vous voyez tout. Malgré le baiser reçu, Judas détale cerné de soldats, Marc s'enfuit nu comme un ver, Pierre commence à se planquer, les autres ne valent plus rien, tandis que Jean court et frappe à votre porte, annoncer le sacre du Messie. En vérité, il ne vous apprend rien, sauf l'oreille de Malchus, car vous êtes dans le Fils et le Fils est en vous comme en lui. Toute la nuit, vous prierez, le suivant de cœur sur la colline de Sion où votre peuple l'interroge. Avec lui vous recevrez la gifle du soldat qui nous valut le premier cri de l'Agneau, modalité de défense en noblesse absolue que le monde ne connaît plus : « Si j'ai mal parlé, faites voir le mal que j'ai dit ; mais si j'ai bien parlé, pourquoi me frappez-vous ? » Cette réponse, ô Marie, simple comme la vérité, en la découvrant vous ouvrira l'extase, tant elle révèle l'Être de Dieu.

Et voici que le Fils bien-aimé, *lumière née de la lumière*, descend sous vos yeux, calme et pourtant bousculé, au souterrain d'un palais. En votre mémoire, au livre de vie, d'une image, l'enfant d'Élisabeth court en communion de destin – et sa tête tranchée vous prépare déjà à vénérer la Sainte Face. Nuit de splendeur empourprée d'espérance, communion de feu dans l'invisible amour ! Ainsi, les chaînes du Christ sont maintenant à vos poignets ; devant Caïphe, étrangère au mensonge, invisible, vous comparaissez de votre compassion, la déversant à flots non seulement sur le Fils mais encore sur le Pontife enlaidi de jalousie. L'accusation de blasphème dont on affuble le Christ tombera sur votre âme juive habitée d'Esprit Saint ; en plein cœur, vous la recevrez avec la sentence qui la suit, vous apprêtant à mourir de toute votre joie. Que personne ne s'en étonne. Depuis que Jean vous a rapporté le désir effréné de Jésus enfoui sous la parole : « J'ai souhaité avec ardeur de manger cette Pâque avec vous », vous ne cessez de préparer l'Agneau, vous étendant avec lui sur l'autel du sacrifice. La tunique déchirée, Caïphe, fourbe et théâtral, envoie le Christ à la mort, tue son peuple, défigure les promesses, accomplit les prophètes. Croyant régler d'un coup cette affaire qui en vérité ne fait que naître, le Sanhédrin n'en finira plus, sans l'avouer, de regretter son geste. Bien sûr, tout fils d'Israël, digne de ce nom, regrette la mort du Christ, et je voudrais voir un seul rabbin proclamer le contraire ! Impossible ! Jamais le sang d'un innocent n'attire l'ombre d'une bénédiction, et les juifs, mieux que les autres, depuis leur frère Abel, savent le prix que Dieu attache à la justice. À l'aube du rachat, en ce procès bâclé, avec vous, j'affirme, ô Marie, que le premier magistrat de ce tribunal infamant fut le Mal en personne, homicide depuis l'origine, père du mensonge, héros d'injustice, blasphémateur du Juste. Dans sa folie, prétendument experte, Satan ne savait pas qu'il contribuait ainsi à la mort du péché, soulevant de son action votre talon en direction de sa tête bientôt sans diadèmes. Il aura beau cracher sur le Christ, assouvir son rejet à coup de fouet, ricaner sous l'inique sentence, dans quelques heures, sous le corps ensanglanté d'amour, une oppression sans fin gagnera sa gorge haineuse, et sans pouvoir mourir, ce qui est horrible, la mort le retiendra en ses œuvres pestilentes et pourries jusqu'à la moelle. Tant pis, il l'a voulu ! Pour l'heure, dans la ville sainte, votre voile l'effraie, et c'est tant mieux, car vous avez la paix.

Sur la place, bien avant sa chair, le Fils est en lambeaux ; chaque parti le tire à lui, l'écrase ou le défend alors qu'il comparaît tout seul au dallage de l'Antonia, ses yeux dans ceux du gouverneur. De fait, les saints innocents n'ont pas besoin de défense ; le Christ l'indique en son maintien sobre et assuré, simple comme sa divinité qui ne se prouve pas. Et vous, d'en-bas, ô Marie, vers les fenêtres closes, vous envoyez l'amour à plein jet, heureuse de consolider le Messie en ses choix les plus crucifiants. La place se remplit, la foule est en émoi, le sang au bord des lèvres et du désir, toujours maquillée par le diable en masse informe aux heures de haine. L'histoire en tous ses siècles inscrit au fronton du présumé progrès ces rassemblements qui ne sont en vérité que les lieux privilégiés de l'injustice dont elle prétend assurer la condamnation tout en la fomentant. Gare aux attroupements des grands idéaux ! L'homme n'y perd pas que ses plumes, il y laisse la peau. Souvenons-nous, quand le Christ eut à lutter pour sauver le temple de la profanation, il s'en alla seul avec sa cause et son fouet, sans donner aux apôtres le droit de dominer par la force du nombre.

« *Ecce homo !* » Voici donc l'homme dans toute sa beauté ! Seul, comme il se doit, pour révéler au monde le prix de la personne. Tonnerre de méchancetés en roulement de furie sous le balcon qui offre à la médiocrité le pur visage de son Dieu. À la seconde où le Christ surgit, torse rayé de pourpre, buisson sur le crâne, chlamyde en dérision sur le corps nu, les dents serrées, vous le suivez des yeux, tandis qu'une main se pose et vous surprend au contour de vos épaules. C'est Madeleine ! Et vous vous embrassez entre vierges, l'une innée, l'autre restituée. N'est-ce point du côté des plus graciés qu'il faut chercher toujours le soutien le plus ample ? Madeleine vous prend le bras et vous le serrez très fort à l'appel de la croix martelé sous des voix religieuses ! Et Jésus disparaît à nouveau pour un ultime dialogue qui eût pu tourner en sa faveur s'il y avait mis du sien. Mais, que faire, l'Église et son courage à venir sont en jeu, les martyrs écoutent, les saints sont à l'affût et ne perdent rien de la scène où la Parole éternelle « plus perçante qu'une épée à deux tranchants », joue la vérité à qui perd gagne.

De la place, enserrée de blasphèmes, vous restez pure, Ô Marie, en votre intention qui ne varie pas : vouloir ce que le Fils veut. Telle vous êtes, Mère du Verbe, au-delà de toute pensée humaine, et cependant plus humaine en votre esprit que toute mère. Près d'un Pilate effondré à force d'être lâche, le Roi paraît, auréolé d'une beauté neuve et inconnue, ciselé de prière sous ses yeux tuméfiés ; oui, beau comme jamais, selon votre goût, livré à l'amour qui maintenant prend le bois d'une ardeur qui vous ressemble. Il est à son affaire, et vous le percevez heureux, étrangement lié à la brute nature des poutres qu'il empoigne. En matière de bois, il s'y connaît. Il faut dire que pas une seule fois, en sa jeunesse appliquée, il n'a saisi une poutre sans la sentir, sans l'aimer, sans la servir, sans la deviner, jumelle de la dernière. Près de lui, en convoi de malheur, deux pauvres hères sales jusqu'au centre de l'âme sont choisis par le Père pour escorter le Fils, boulets aux pieds, et dans la gorge, des cris de bête. Le spectacle est à son comble. Sous le cuir des fouets recouvrant de poussière le corps des abjects, le convoi se met en branle, la foule hurle de joie, et les chevaux de création divine, piétinent le drame de leurs peurs hennissantes. Jean, le bien-aimé, vous cherche, ô Marie, sans perdre de vue, du beau milieu de la foule et de tous ses yeux, l'ami. Enfin, il vous trouve, juste avant la troisième station, il vous embrasse, j'en suis certain. En trinité de destins, vous ne vous lâchez plus, trois en un, les enfants en la Mère, et vous pressez le pas, de manière à rejoindre ceux du Christ, aux mollets encore fermes, au sourire étonnant, car il sourit au salut qui approche – et de toute sa bonté couvre d'attention, sous la masse du péché, les larrons qui apparemment ne le méritent guère. Et pleuvent les crachats mouillant d'irrespect l'adorable visage qui, se posant sur tous, ne s'en prend à personne.

Vous voici maintenant, ô Marie, à deux mètres du corps, entre la foule qui pousse et les soldats qui encerclent l'innocent aux mains pleines. Là, enfin, le Christ vous aperçoit, et d'un geste sûr, écrivant la quatrième station, tombe un genou en terre, et reste immobile, la tête inclinée sous la couronne d'épines qui le fait haleter de douleur. Vous aussi, à genoux, aussi près que possible, sous l'œuvre du péché qui pèse et que vous n'avez commis ni l'un ni l'autre, vous osez un baiser sur sa joue ensanglantée de lumière. Un baiser si profond que ses yeux se ferment, savourant en vous, la délicatesse du Père. Médiatrice par un baiser, puisque l'amour offre la grâce et donne à Dieu d'être présent, apprenez à notre vie à réjouir le Christ à force de tendresse.

Sans vous attarder, sous la pudeur qui commande, vous regagnez votre rang, et le Christ sa croix qu'il soulève d'un coup en reprenant la marche. En avant, toujours, ainsi, il faut aller, stoïque et agrippé à la volonté de Dieu qui supplie le devoir de s'habiller d'amour. Le Christ en est vêtu de l'âme jusqu'aux pieds, et c'est pourquoi rien ne l'arrête, ni l'affront, ni la douleur, ni la peur, pas même le baiser de sa Mère. Trois fois, semble-t-il, vous l'avez vu tomber avec les milliards de chrétiens qui depuis deux mille ans tombent à leur tour, rassurés par son pas incertain. La langueur du condamné, à son corps harnachée, mystérieusement relève au cours des temps les âmes effondrées, sans cesse remises en leur élan au souvenir de sa propre personne affalée misérablement. Eh oui ! sa faiblesse encourage plus que sa puissance. Illogisme divin dont le monde et son esprit ignorent la naturelle beauté ou du moins la jugent insoutenable. C'est pourtant là tout l'Évangile : en qui se croit fort, Dieu se retire.

Au pas des vers de terre, vous êtes arrivés tous les quatre ensemble au lieu-dit *Golgotha*, le Christ en premier, suivi de votre allant de Mère universelle, serré de deux jeunes amours intrépides comme leur Maître, si bien que la foule à vos regards s'estompe, que les soldats disparaissent de votre esprit, grâce contemplative pour vivre en silence l'œuvre de rédemption. Vous n'entendez plus rien, ô Mère du bon Conseil, vous buvez déjà à la source des mouvements du Christ qui, étendant ses bras et ses mains, se dépêche d'offrir au Père son corps blasphémé de rejets. Sur cette levée maintenue par les clous, que vous ayez souffert, ô Marie, c'est entendu, mais redisons-le, à votre manière, unique, en ce lieu de mort, proche, je le crois, de celle des femmes qui enfantent, assises ou couchées, poussant sous les larmes la vie qui vient.

Le voilà dressé entre ciel bleu et terre de sang, visage blanchi de lumière exsangue. Le corps sacré n'a rien à voir avec celui de Saint-Damien qui cependant exprima au plus jeune crucifié de l'histoire ses désirs les plus secrets ; sans doute voulait-il ménager l'aube de sa conversion, ne pas décourager son amoureux élan – mais il n'empêche que le torse est trop lisse et le geste trop doux. Les

Christs de Fra Angelico – que Dieu me pardonne ! – bien que l'amour y domine, ne me disent rien de mieux, et surtout pas le fameux de Van Dyck, beau comme un Dieu. Pour leur part, les jansénistes, en rapprochant les mains, tel un copeau d'ivoire en torche, croyant accuser la douleur, perdirent l'écartèlement des bras signe sans pareil du réalisme de la croix. En vérité, sur le bois, le corps n'existe plus ; thorax famélique cloué à la poutre qui le presse où il s'éteint en soubresauts de souffles courts, sous les sept paroles qu'il prononce, et dont chacune, ô Marie, vient mourir en votre chair réceptive.

Le Christ est seul, rampant à la verticale sous la douleur qui l'agite, et la terre ne peut rien faire en cette heure solennelle où il la sauve. Entre le Père et l'Agneau, personne ne doit s'interposer, aucun geste s'accomplir, et toute parole serait de trop. À un mètre de la croix, paralysée de sacré, vous demeurez, ô Mère de Jésus-Christ, jambes serrées, l'intelligence à l'affût, plus immobile que jamais, dans l'écoute précise des derniers mots de Dieu. Sept paroles, vous les compterez, toutes joyaux d'Évangile, dont la première, injuste et surabondante, prononcée en faveur des bourreaux : « Père, pardonne-leur ! » est ramassée par votre cœur qui s'aligne pour arracher du Père la promesse de leur éternité. La seconde que vous ne troublez pas, au centre d'un dialogue inattendu, travaille encore inlassablement au salut d'un pauvre gars, d'un bon larron tiré *in extremis* de la mort éternelle en réponse à seulement trois mots de gentillesse, suffisants pour qui est sincère et droit. Qu'on se le dise, et vous vous en souviendrez, ô Marie, vous qui plus tard, *Refuge des pécheurs*, ouvrirez la porte du Ciel à n'importe qui. La troisième parole, elle vous échappe, ô Mère, et vous crucifie tout à la fois en incompréhensible angoisse criée par le Fils de l'homme en direction d'un Père muet : « *Eli Eli, lema sabachtani !* » Terrible appel ! Jusqu'au bout de l'horreur, maintenant, le Christ descend, il doit descendre aux ravins de la déréliction, éprouver sans issue les affres d'un désespoir nu comme la mort, s'il veut lui tordre le cou et le délivrer de sa grâce. Sans toucher à son effroyable solitude, ce qui serait blasphème en cette heure où point par point l'œuvre s'accomplit divinement, les yeux fermés dans la douleur sans nom, la foi enserrée dans vos entrailles qui vous lâchent sous vos membres qui tremblent, sans hésiter, vous choisissez le camp du Père, celui du parfait silence, et vous le bénissez en tout son effroi, puisqu'il le faut.

Soudainement, en trésor, cependant que ses derniers avoirs, vêtements intimes et tunique, sont emportés sous un vulgaire coup de dés, l'isolement du Christ prend fin. Baissant ses yeux jusqu'à l'extrême, au risque de déchirer ses épaules, il vous fixe, vous étreint, fouille de son regard votre être maternel, rejoint d'un demi-tour de visage le jeune saint Jean saisi de prière, recevant en cet instant, nous le saurons plus tard, verset après verset la réalité du Prologue. Et c'est une parole pour vous qui glisse de la bouche pâteuse : « Femme ! » À ce cri, et c'est plus fort que vous, vous faites un pas pour enserrer le bois de vos deux mains et sous vos lèvres appuyées sur ses jambes, vous entendez : « Voilà ton fils. »

Pas de doute, c'est de Jean, le bien-aimé, dont il s'agit. Il faut donc que la Mère s'écarte, s'arrache du corps de son Christ, transporte son amour sur un autre fils, le préféré, image vivante de l'Église fidèle, alors que le premier-né n'est pas encore mort. Oui, il faut se détourner de la Tête, une autre parole vous en assure, et elle résonne à présent par-dessus la vôtre : « Voilà ta mère », et vous obéissez d'un pas en arrière, reprenant votre place, la première, à un mètre de la croix parmi les sauvés, offrant vos bras à l'enfant Jean qui d'un bond vient de s'y blottir. C'est ainsi que le râle du Fils éternel commença par un sourire.

Cette dernière volonté du Christ, parfaitement exécutée par votre foi, vous place, ô Marie, au centre du corps mystique, ce corps spirituel qu'il vous oblige à aimer, à porter, à garder, parce qu'au fond il n'est autre que lui-même et qu'il convient de l'engendrer aux âmes recréées. En vous détachant de son être corporel dont le sang est désormais transfusé aux veines de l'Église, et en vous ordonnant de demeurer dans le cœur de Jean, le Christ vous passe le relais de la rédemption, vous confie la survie de l'Époux au sein de l'Épouse, et sur ce même élan, vous constitue de toutes pièces Mère de tous les hommes.

Quitter le Fils mourant pour le retrouver plus vivant que jamais dans la poche des eaux fœtales de l'Église qu'est le cœur du disciple bien-aimé, vraiment, vous ne vous y attendiez pas ! Mais en mère admirable, toujours prête à accueillir la vie, debout, sans un murmure, ni geste de recul, vous vous êtes enfoncée dans le mystère de la fécondité divine, voie royale choisie par le Verbe fait chair depuis son premier jour en vous.

Il faudra payer ce prix pour que l'apôtre bien-aimé, témoin amoureux du sacrifice du Christ, confident et gardien des secrets de l'ami, soit enfanté à la perfection des fils de Dieu. Ainsi, au mont Golgotha, en devenant réellement sa mère selon la grâce, en lui offrant votre intimité la plus scellée, les trois vertus de foi, d'amour et d'espérance, à l'état de diamant sur vos gestes, affectèrent l'être johannique au point de ne pouvoir plus vivre que de leurs lumières. Le chemin est par là ! « Que celui qui a des oreilles entende ! »

Alors que vingt siècles sont passés, que l'obscurité gagne la terre, en tout domaine, je le crois, fragilisant les hommes et leur devenir spirituel, comment se fait-il encore que des frères de Jésus, chrétiens de tous bords, connaisseurs du Calvaire en chacun de ses versets, ne répondent pas au rendez-vous fixé par le Père pour nous confier à vous ? L'Écriture crie vengeance, quoi qu'en pense l'univers protestant qui se bouche les yeux face à l'évidence des faits pour corroborer ses thèses récentes – car que sont, au regard de deux millénaires, quatre siècles d'interprétations hasardeuses ? La vérité, la voici : Jean avait été invité par le Christ à quitter sa propre mère pour le suivre, il n'allait donc pas à la croix lui en donner une autre à la manière humaine ! En outre, près du bois, se tenait votre sœur, et s'il s'était agi de régler votre avenir immédiat qui n'avait d'ailleurs rien à craindre, Jésus ne vous eût-il pas confiée à celle-ci ? Et puis, que le bon sens nous étouffe ! Comment peut-on penser qu'à l'heure décisive de la rédemption, moment unique et solennel entre tous, Jésus traitât encore des affaires familiales ? Non ! la sobre et imposante solennité de cette scène évangélique, avec ses deux ordres « Voilà ton fils ! Voilà ta mère ! », résonnant juste avant que le *consummatum est* n'eût clos l'acte rédempteur, inscrit dans la révélation le don de votre personne aux hommes, conviés, à l'instar de saint Jean, à vous prendre *in sua* – en leur intime. Ô Marie, que mes frères séparés dont l'amour filial vous manque, ne s'offusquent pas de me voir prendre, non votre défense, mais celle de toute l'humanité qui, au dire du Christ, a besoin de vous. Donc, défense des hommes, mais aussi du Sauveur dont l'intention doit être rejointe et honorée. En tout cas, saint Jean, pour sa part, ne se fera pas prier : le voici, près de vous, sa main dans la vôtre, face au serpent d'airain qui, prisonnier de son désir, appelle la terre au retour : « J'ai soif ! »

Cette parole, le Verbe la prononça lentement dans le sang collé de la bouche, les yeux plus doux qu'une mère raisonnant son enfant, tandis qu'un soldat, balançant une éponge au seau de l'inhumanité, la pique en bout de lance pour l'écraser aux lèvres de l'Agneau. Barbarie aux gestes simples accomplis sans chercher à comprendre, c'est là qu'elle est la plus cruelle. Au vinaigre engorgé de force, le Christ se tend comme un arc, bouche ouverte, le souffle coupé, haletant d'amour pour les âmes qu'il appelle au goût exquis de la rédemption. C'est l'heure ! *In manus tuas, Domine...* C'est l'heure, l'heure de rendre l'âme et toutes les âmes au Créateur. La mère est en place, l'Église est en elle, rien à craindre, le Christ se cambre, et tirant sur ses clous, d'un cri de victoire, incline la tête, et fait tomber la nuit.

IX

Un dernier tour de Cénacle

Sous le jour enfui, la terre en syncope dominée par le noir paradoxalement produit l'espérance. Le corps est endormi sous la nuit prodigieuse, et la joie pourrait bien tout remplir sous l'obscurité soudaine, s'il n'y avait les sanglots de Madeleine, qui dans votre dos, hachent le temps en morceaux de douleur. Ce n'est pas dire ici que vous ne souffrez pas ! Grand Dieu, la souffrance pour vous fut un état, mais au-delà d'elle, depuis longtemps, vous allez, marchant de volonté de Père en volonté de Fils, au rivage exténuant de leurs accomplissements, parfaitement consciente que votre grâce particulière consiste à suivre pas à pas l'œuvre divine et à y coopérer de tout votre être préparé pour cette fin. Ce n'est donc pas le moment de penser à vous, de mesurer la douleur en pleurant sur elle ; c'est l'heure de contempler l'inadmissible plan sous les mouches assoiffées de sang divin, collées aux plaies du Crucifié vainqueur, et de saisir l'intention du Père cachée sous le carnage. De toute votre intelligence, vous tenez les deux bouts de l'histoire, celle que vous partagerez bientôt avec Jean votre fils et qui prendra place au seuil de son évangile.

En cet instant, ô Marie, sous Jésus immobile, pendant à l'état de cadavre, la mâchoire descendue, la tête effondrée, les yeux vitreux, l'âme au Ciel, il vous apparaît que la révélation est close et qu'il faut sans délai tourner la page en direction de l'espérance, guettant le retour glorieux avec l'anxiété des êtres aimants pour qui la mort ne peut rien achever.

C'est alors qu'un soldat à qui rien n'a été demandé si ce n'est de vérifier la mort effective des apostats, en vous éloignant du corps d'un geste brusque, se mit en recul et posant le pic de sa lance sur le côté du Christ, la planta jusqu'à la garde. En retour de lame, le torse se déchira, mettant à nu le Cœur sacré d'où jaillit en écluse un fleuve d'eau rougie d'amour, si abondant qu'il en arrose encore l'Église. Jean hébété fixe la plaie, en oublie le soldat, le bénira plus tard d'avoir servi le Père en lui permettant de montrer que, par-delà la mort, la soif d'amour de son Fils ne tarit pas et que son cœur reste éternellement ouvert pour abriter les âmes et les baigner de son sang gorgé de grâce. Le cadavre du Christ a parlé, signe majestueux de la vie triomphante, et vous l'honorez, ô Mère, de votre souffle coupé par l'invisible lance que Siméon tenait en main au jour de la présentation, et qui vient de s'enfoncer dans votre chair, vous associant à son désir aigu de voir l'humanité se jeter sur la source de l'amour, et y boire jusqu'à l'enivrement. Ainsi, chacun à votre tour, je le jurerais, vous la première, suivie de Jean et de Madeleine, vous vous êtes approchée du ventre de l'Agneau où descendait en coulure le sang rédempteur, et de vos lèvres avides, vous l'avez bu.

Ce geste que l'Écriture ignore pour nous le faire chercher au secret de la prière, emporta l'espérance au sommet d'elle-même, détruisant en votre intelligence toutes les contradictions que le Calvaire exhibait, restant sauve votre foi qui pas un instant ne frôla le doute. Votre ami Gabriel avait annoncé la grandeur de l'enfant appelé « Fils du Très-Haut », et proclamé son règne éternel ; à défaut de grandeur, c'est en hauteur que le corps pendouille, tel un ver de terre couvert de boue, dont le sceptre gisant au sol, vulgaire roseau de dérision, ferait rire aux éclats les êtres les plus crédules. La justesse de la prédication sous la voix enchanteresse, faiseuse de miracles, pourvoyeuse de prodiges, avait fini son cours prestigieux dans la gorge éreintée d'un appel de détresse projeté contre un ciel d'airain – et la mort, la mort, dont le Messie semblait détenir les clefs, venait de frapper de plein fouet, de clous, de lance et de couronne. Au spectacle de l'illogisme, il est vrai, depuis longtemps, ô Marie, vous aviez pris place. Au jour de l'annonciation, déjà votre raison s'était tue, préférant la confiance à l'interrogation. Et pourtant, Vierge à jamais, sans homme et sans semence, vouée au Père invisible et Mère d'un coup, que d'étrangetés auxquelles vous avez cru ! Aussi, vous commenciez de marcher au pas de Dieu qui ne devait plus que vous surprendre.

Faut-il rappeler encore votre martyre au jour de ses douze ans, alors qu'il se découvre plus adulte que le premier des sages, écartant d'une courte parole vos droits maternels. Sur les années qui suivirent, chacun de ses gestes, et toutes ses paroles – et Dieu sait si vous les avez retenus – appelaient inlassablement au dépassement de tout raisonnement, vous préparant par touches successives à accueillir la croix, plus renversante à elle seule que tous les mystères réunis de la sainte Écriture. En effet, Dieu coupable, Dieu jugé, Dieu bafoué, Dieu nu, Dieu cloué, Dieu troublé, Dieu mourant, Dieu mort, il fallait être vous, ô Marie, pour trouver là son visage adorable. Et enfin, sur le Calvaire, le silence, dont l'œuvre finit toujours par imprégner les scènes les plus dures, faisant sortir du temps pour un certain repos les âmes les mieux nées. En cet endroit béni, vous demeurez, torche immobile, face au bois qui s'estompe sous la nuit revenant, tandis que les chiens hurlent à la mort au goût du sang pressenti, que les mouches en essaim dansent sur le corps tuméfié, que les soldats vont et viennent sous les trois suppliciés, ramassant leurs affaires, le devoir terminé.

L'arrivée de Joseph d'Arimathie, bien que membre du Sanhédrin, vous combla sur l'instant, au souvenir de l'estime que Jésus portait à cet homme – et sur ses avant-bras la pièce de lin fin servant à la sépulture assortie d'un jeu de bandelettes ajoutait à leur lien une pointe d'honneur qui vous réjouit encore. Quant à Nicodème, disciple nocturne et défenseur de votre Fils devant le Sanhédrin au point d'être soupçonné par ses pairs d'être en secret adepte du Nazaréen, il est là, presque au grand jour, et dans ses mains volontaires, une fortune de myrrhe et d'aloès. Lui aussi reçut votre sourire empressé, sans un mot de part et d'autre, l'histoire tout heureuse de pouvoir compter parmi les fils prestigieux du peuple élu, deux témoins qui à eux seuls suffisent à anéantir dans les esprits et pour les siècles l'accusation de déicide portée contre Israël.

Sans un mot, j'insiste, à cinq, sous la croix, prenant votre temps, les deux religions n'en faisant qu'une comme il se doit, vous priez le temps qu'il faut sous les regards lointains des saintes femmes alourdies de peurs et de pleurs. L'échelle est dressée, Nicodème se « mouille » enfin au sang qui baigne le bois, et d'un jeu de tenaille long et délicat extirpe les clous sans toucher la chair qu'il reconnaît sainte. Et la main, puis le bras glisse sur son épaule pour une ultime accolade cependant que Joseph retient le corps par le bassin, et que le bien-aimé, soutenant la tête de ses deux mains, l'appuie contre sa poitrine, à chacun son tour. Sans mouvement brusque, malgré le poids du péché, Jésus glisse au long du bois, se laisse faire comme un enfant qui dort ; l'image est si vraie que vous vous assiérez, Marie, à l'ombre du bois, et que sur vos genoux, ces trois rachetés, poussés par l'Esprit votre époux, y déposeront l'amour. Ainsi pour tous les temps, la *Pietà* prit forme sous le vouloir de Dieu qui, par les images, crée de l'inoubliable.

Puis il fallut rendre l'enfant ; pour vous, rien de plus facile, car à vos yeux, il n'est pas ce corps en charpie reçu de vos viscères ; l'âme est déjà loin, vous le croyez, et sa divinité, par nature impossible à circonscrire, ne peut convenir, au risque absurde de se nier, à l'enfermement du linceul. Le Christ est trop grand – et votre foi l'augmente à l'infini sous les coups d'éponge que les hommes à grande eau passent sur son cadavre enluminant d'or ruisselant ses blessures empourprées. Serré de neuf, aussi blanc que la résurrection qui l'attend, son corps est engouffré, lumière dans les ténèbres, sous le parfum des aromates, hommage puissant de nos faibles moyens pour effacer la mort.

Un dernier adieu, près de la dalle, sans pleurs, souple et confiant comme on sort d'une chambre d'enfant, assuré de ses rêves et de la nuit bienfaisante. Jean vous suit dans la même lumière, bien que ce soir-là, vous choisissiez le silence, et il le comprendra. Ainsi, ô Marie, vous regagnez toute seule un lieu que je ne connais pas, temple, maison amie, champ, jardin des Oliviers peut-être, où, sans effort, vous allez vous endormir en la prière continuelle. Oui, après l'avoir portée, la grâce vous emporte vers la paix la plus dense.

En mère, la journée du samedi, vous la vivrez pour vos enfants. Jean, de bonne heure, est venu vous chercher pour vous conduire au Cénacle où l'Église apeurée s'en veut déjà. La porte franchie, dès votre entrée, car il suffit d'une simple apparition de votre personne pour que toute chose s'éclaire, les apôtres, souillés de trahisons, percevront immédiatement l'absolution du Père sous le sourire de la Mère. En un instant, avec l'aval joyeux de Dieu, sans démarche et sans propos, par vous, tout est dit et tout est pardonné. À cette heure, un seul est manquant, et c'est Judas, l'inventeur du suicide par désespoir. À lui seul, il parvient à assombrir vos traits jusqu'à les meurtrir de sanglots, tandis que sa tête violette serrée par le garrot, retient son âme vendue au bord des enfers. Ô Marie, Secours des chrétiens, je suis certain que ce fils, au même titre que les autres, a bénéficié de votre prière aux balances du Ciel.

« Est-il sauvé ? » se sont demandé les hommes de tous bords et de tout temps. La bonne question serait plutôt celle-ci : « L'humanité sait-elle vos pleurs et vos prières en sa faveur ? » La réponse est à chercher par là. Qui s'appuie sur vous, au rythme de ses erreurs, fussent-elles répétées, prévient la damnation de sa perte. Marie, je vous sais heureuse de m'entendre annoncer le gouffre abyssal de votre pitié apprise de Jésus, mieux, greffée par lui au sein de votre esprit – et c'est pourquoi j'insiste sur le point fort de votre miséricorde alors que le monde croule sous la culpabilité jamais anéantie, à force de garder pour soi l'innommable et de planquer le mal loin de tout pardon.

Certes, les psychologues tentent ce qu'ils peuvent avec l'humanité fragile mais – que faire ! – ils ne peuvent descendre trop loin, tout juste leur est-il laissé la grâce, du moins pour les meilleurs d'entre eux dont l'écoute est bonté, de faire émerger les choses, mais étant bien entendu que chacun repart avec elles. Que le mal soit connu, parfait, mais cela ne suffit pas à le vaincre. Seule, la grâce du Christ, traversant l'être de Marie pour nous rejoindre, peut remettre debout des armées de morts. Ainsi, Pierre, déchiré de couardise, prend déjà courage en votre seule présence. À votre école, son reniement devient un acte aussi limité que les quelques secondes qui l'ont entendu. Tout se voit donc replacer dans sa juste lumière ; en Dieu pas de dossier, pas d'exclusion, mais une seule certitude à enfoncer dans les âmes, à savoir que demain seul prouve l'homme. L'esprit du monde, calfeutré dans l'idée de justice, passant son temps à tailler des parts de cachots, ne peut pas entrer dans le système divin qui soustrait les actes plus qu'il ne les additionne. Ô, cher illogisme de Dieu, que vous êtes précieux, et que vous allez nous sauver à l'heure fatidique.

Et vous, ô Marie, vous qui, après en avoir porté le créateur, incarnez cette pensée jusqu'à la limite du possible qui est infinie, vous allez accepter de vivre votre première journée de deuil avec tous les poltrons de la future Église, hérauts de lâcheté, monstres infidèles. Dans l'ordre du mal, ô Vierge immaculée, heureusement que vous avez la mémoire courte et héroïque !

Sous les allées et venues des apôtres, la prière incessante meuble le jour de cette lumière reposante dont l'éternité, aux êtres creusés de douleur, offre le secret. En dépit de leurs faiblesses, tout est déjà brûlant sur les faces émaciées de ces saints apôtres, modèles rêvés pour Le Greco et pour les âmes en granit aux arêtes saillantes qui demain peupleront l'Église, amaigries par le travail que réclame le Christ quand on prétend être son frère. *Il n'est pas de plus grand amour* que de s'épuiser pour ceux qu'on aime.

Mais la merveille, la voici, il faut y venir.

Bien avant que les femmes ne parvinssent au tombeau et que Pierre n'y courût avec Jean, le Christ, ô Mère, était devant vos yeux, imperméable à ceux des autres, allant jusqu'à braver l'Écriture qui n'en devait rien dire, pour que vous, et vous seule, receviez cachée, comme il se doit, l'amour toujours fait pour deux. En souvenir de cette pédagogie divine si bénéfique, partout où vous apparaîtrez au cours des temps, vous continuerez de manifester l'amour en confiant à des cœurs d'enfants des secrets qui ne regardent aucun autre. Dieu n'aime pas les groupes, mais les êtres qui les composent ; certes, il bénit leur ordre, espère leur efficacité, les comble de soutien, mais il préfère, je le jurerais, la singularité dont la grâce est de contenir, pourtant vase fragile, la vie même de Dieu.

Les grandes œuvres, en quelque domaine que ce soit, commencent toujours dans le cœur d'un seul homme. Personne ne peut le nier : l'histoire de la sainteté ne connaît que des visages individuels, assurément par la suite soutenus et suivis, mais seulement par la suite. L'intuition, l'inspiration, ces deux souffles frères descendent rarement aux palabres communes. Laissons une porte ouverte au gouvernement des hommes qui trouve au brassage des idées son équilibre, sa mesure, et quelques voies d'accès, ce qui n'est point négligeable, mais en tout cas, pour le reste, amour, art, et j'insiste : sainteté. Gide avait raison : « Aucun chef-d'œuvre n'est le résultat d'une collaboration », et c'est pourquoi Jésus, ce matin, vient de frapper à votre porte, seulement pour vous voir, autrement dit *pro Deo*, aussi gratuitement que l'on aime, pour la seule joie de l'être aimé, et non pour récompenser votre foi, pour saluer votre perfection, ou je ne sais quoi encore, encourager l'Église dont vous êtes la mère. Le Christ glorieux, avant d'être théologien, reste humain – et celui-là le demeure pour qui seul l'amour a tous les droits. Le monde des idées n'est pas son univers, ou plus exactement, celles-ci s'ordonnent et marchent en lui à la seule fin de servir la Fin. Et la fin, c'est d'aimer le singulier, sans slogan et d'en bas, le plus concrètement possible, avec l'âme, le corps, la voix, allant vers lui, pour l'autre et non pour soi ou pour une quelconque idée, fût-elle géniale ou sainte.

Sous la lumière de l'aube, ô Mère bienheureuse, gardez donc vos secrets, et profitez à fond, en ce matin de Pâques, des bras du Christ veloutés de gloire. Nous en resterons là. Inutile de courir derrière les aromates, de pleurer l'absence du corps, d'embrasser la momie... d'autant plus que Pierre, en plein Cénacle, vient de vous révéler dans l'Esprit Saint, la présence désormais vivante du corps et du sang du Sauveur sous les espèces eucharistiques.

Plus tard, ô Marie, la sainte hostie sur vos lèvres, pas une fois vous ne reviendrez aux heures de Nazareth où le Christ en chair vous prenait par le bras. D'ailleurs, toujours vous l'avez pressenti : la nostalgie est aussi nulle que l'irréel. Le présent, fût-il invisible, a la hardiesse de donner Dieu, à la seule condition bien sûr que l'on s'y complaise. Et ce n'est qu'adossé à ce rocher que l'ami lointain ne manque pas, que les morts sont sous nos yeux, que le Christ respire, et que vous, ô Marie, de l'au-delà si proche, vous parvenez à nous embrasser avec un réalisme à faire trembler nos joues.

Au matin du tombeau vide, Jean et Pierre s'agitent de bonheur, Marie Madeleine veut retenir le corps, les disciples d'Emmaüs regrettent encore de n'avoir pas compris, et c'est pourquoi le Christ ne s'éternisera pas en leur compagnie, ceux-ci le voulant davantage ou autrement. Déjà sur le Thabor, la réflexion du premier apôtre allait droit dans cette lumière : « Seigneur, il est bon que nous soyons ici ; si tu veux, je vais faire ici trois tentes : une pour toi, une pour Moïse, et une pour Élie. » Autrement dit, Pierre s'amarre à l'inestimable qui passe, et comme on le comprend ! Cependant, garder l'amour passé, c'est perdre sa présence, c'est croire que la connaissance de Dieu s'inscrit dans l'âme à force d'expériences fussent-elles mystiques, d'impressions fortes et intérieures, de lectures bien faites, d'idées sagement ordonnées dans l'esprit. Rien de plus faux ! Bien qu'il soit un trésor, l'amour ne s'amoncelle pas. Pour être, il réclame à grand cri l'actualité de son existence, décelable uniquement sur la respiration actuelle d'un lien vivant et vrai. Ou l'amour bat, ou il est mort. Vous seule, ô Marie, comprenez cette exigence et vous y pénétrez de tout votre être happé par l'instant où Jésus se rend, se donne et ne se reprend plus. Maintenant que le corps traverse les murs, se rit de la matière, fait du feu au bord d'un lac, déambule aux chemins de Galilée, sans bouger d'un pouce, vous allez tranquille et raisonnable au fond de vous – et c'est plus sûr – vivre en terre commune l'indépassable intimité qui dit l'amour. Pas même sur l'ultime montagne dont parle l'Évangile, vous ne vous rendrez pour le dernier adieu sous les nuages. Le voir s'élever dans les airs ne vous intéresse pas, j'oserai dire que vous n'y croyez pas, tant il demeure en vous de tout son être mélangé au vôtre comme un parfum s'ébroue à la surface de la peau. Eh oui, il faut en convenir : qui vous approche, sent le Christ ! Aujourd'hui, partout où vous passez, du Cénacle aux rues de Jérusalem, vos pieds rivés au sol, vous le possédez comme jamais au creux de votre silence, et au premier appel de votre intériorité, sans mouvement local, aussi souple que la pensée, il est dans la vôtre, et dévale en votre cœur, de toute sa grâce, revêtu de son humanité glorifiée jamais séparée des fibres de votre être immaculé.

Aussi, au soir de l'ascension, face aux apôtres accablés par le poids de l'œuvre confiée, dans la chambre haute où vous les regardez en silence, votre visage extrêmement beau, la fixité de votre paix, l'immutabilité de votre foi, suffiront à leur prouver qu'ils ne l'ont pas perdu – et peut-être iront-ils même, sous votre regard, jusqu'à douter de son absence physique. C'est par ce souterrain, qualifié de *secret* par l'un des plus grands chantres de votre mystère, Louis-Marie Grignion de Montfort, que le courage d'aimer dans l'invisible a commencé de naître en la vie apeurée des apôtres, non seulement parce qu'ils auraient pris conscience de ce que le Fils avait traversé pour eux, mais plus immédiatement pour rejoindre l'état intérieur de paix qui domine la Mère, et par lequel ils sont fascinés. Ainsi, dès la première heure de l'Église, très loin du sépulcre et de toutes les apparitions du Ressuscité – « Que celui qui a des oreilles entende ! » – vous incarnerez le Christ en enfantant les onze à toutes les vertus, la foi en tête, l'espérance en queue, et bien sûr, l'amour en tout, assorties des plus humbles vertus qui font votre gloire. *Miroir de justice*, vous reflétez dans les âmes entichées de la vôtre les éclats de sagesse que le Fils a laissés en vous ; autoportrait de la grâce, qui vous contemple, vous reçoit, et qui vous reçoit, reçoit celui qui vous ressemble.

Jérusalem endormie dans son meurtre, le Christ envolé, les apôtres collés à votre robe, ce n'est pas le moment de perdre en élan. Pierre fait ce qu'il peut pour maintenir le cap sur les désirs du Maître, bravant caché la persécution montante, la peur entre les dents, protégeant l'idéal en le planquant avec ses frères au Cénacle. Sur ce point, vous auriez beaucoup à dire, peut-être même à reprocher, mais vous ne voulez pas, mieux, vous ne pouvez pas intérieurement, passer par un autre chemin que celui de l'Église, fût-il lent, imprévu, désarçonnant dans ses sinuosités. Cette sagesse que souvent nous récusons au nom d'une apparente efficacité ou de ce que notre temps semble exiger de rébellion face au vicaire du Christ, il suffirait, comme vous, ô Marie, simplement de l'épouser en recevant du Christ le mystère de l'Église *Une*, pour qu'enfin ne soit plus compromis l'ensemencement du monde, et que nos heures si précieuses soient soustraites au jeu des vains combats. Là, encore une fois, l'exemple sort de votre silence. Votre âme saturée de lumières aurait pu donner le ton, d'autant plus, que hormis les événements chargés de vous instruire, vous n'aviez pas connu jusqu'à ce jour d'autre médiation que celle de votre Fils, et la vérité fermement établie par lui en vous, aurait pu en soi vous dispenser du magistère de Pierre, mais non ! Pour vous, les choses sont claires, elles sortent sans alliage de la volonté du Père transmise par le Fils et tiennent en une seule idée : ce que Pierre veut, Dieu le veut ! Ce radicalisme effroyable pour les esprits prétendument ouverts fut à partir de l'ascension le milieu divin dans lequel, en Mère universelle, vous deviez nous faire entrer. Entre nous, Vierge Marie, puisque partout l'on prône *un retour à la source* au nom d'un Évangile luttant contre la Tradition, retournons aux environs de Césarée-de-Philippe et respirons le Christ confiant les clefs du Royaume à un pauvre pécheur de Galilée, devenu pierre angulaire de la sainte Église, mais aussi votre enfant et votre père aussi. Voilà pour Pierre !

Quant à Jean, votre prêtre, vous allez vivre avec lui dans une communion sans faille, d'autant plus que vous recevrez chaque jour de ses mains le Christ sacramentel. Entre lui et vous, en va-et-vient d'amour éternel, Jésus passe et repasse de toute sa grâce, hissant votre être au sommet de l'union divine, depuis longtemps captif de la plus haute contemplation appelée à chuter comme un fleuve d'eau vive en celui de saint Jean. Tous deux, je vous reçois en cette vie commune commençant aux genoux du mystère qui vous dépasse et vous unit. La croix, ô Mère, vous a donné tous les droits de l'enfantement ; les apôtres le savent, et ils vous laissent aller désormais sans question, sans jalousie, au fin fond d'un lien dont le corps mystique profitera jusqu'à la fin du monde, buvant aux écrits johanniques vos secrets les plus intimes.

La vie reprend son cours sous le soleil du mois d'avril. Tout serait donc terminé ? Sans doute, si vous n'étiez pas là, *Virgo fidelis*, pour rappeler la promesse un jour proclamée sur fond de peine : « Il vous est utile que je m'en aille ; car si je ne m'en vais point, le « Consolateur ne viendra pas à vous ; mais si je m'en vais, je vous l'enverrai ». L'exactitude des paroles divines, c'est votre affaire, ô Marie, vous qui les avez retenues les unes après les autres, épiant leur accomplissement comme on cherche, éreinté après une longue marche à travers les fougères, une source d'eau fraîche. Perdre le Fils pour trouver votre Époux ! Inconcevable dessein prévu à l'envers du bon sens ! Encore un mystère sur lequel vous ne pouvez mettre la main, tout juste le cœur, seulement assurée par la foi du bienfait qui devrait en sortir. Aussi, il vous reste à prier sur l'intention du Christ, et vous le faites volontiers, car c'est là votre vie, appelant, suscitant, hâtant, la venue de celui qui en vous se complaît depuis la première seconde de votre conception. En plein Cénacle, sous la ronde des apôtres, genoux contre genoux, leurs mains dans la vôtre, votre désir fait l'essentiel : unir les individualités en une seule Église, les propulser, chacune dans leur lumière, au centre de la Cause, et les offrir au martyre de l'amour, les décidant de l'intérieur à « suivre l'Agneau, partout où il va ».

Soudain, vos yeux fermés sur une prière à l'intensité prodigieuse, traversent la matière, abolissent les distances, ouvrent le toit, font tomber les murs du Cénacle alors qu'un vent de feu s'engouffre dans la pièce, pétrifiant les apôtres sous l'amour qui descend, à chacun sa flamme, sa peur et sa grâce ! Spectacle féerique, n'en déplaise à ceux qui prétendent inlassablement que les actions divines relèvent du banal. Eh oui ! Depuis l'Horeb, Dieu a le sens du sacré, du signifiant, du grandiose, allons-y : tout simplement du beau ! Et vous vous êtes émerveillée, ô Marie, de ce buisson d'amour divisé sur chaque tête, révélant ainsi que l'Église n'est pas un amas d'hommes, pas même un peuple, mais la somme de chaque être créé pour lui-même et pour la réception d'une grâce unique. Pour le bien de tous, que personne ne perde donc de vue la couronne des apôtres surplombée de douze flammes aussi différenciées que le respect dont Dieu entoure chacun. Une simple précaution – et Dieu l'impose pour que le singulier ne s'égare en lui-même : personne ne peut voir sa propre flamme rayonner au-dessus de sa tête ; seules, celles des autres saisissent le regard, Dieu ne se reniant pas, humilité oblige. La suite me donne raison et met dans le mille l'amour que Dieu porte aux actions simultanées. En effet, sous l'envahissement de l'Esprit, les apôtres dévalent à présent quatre à quatre les escaliers du Cénacle, la langue entortillée en des idiomes inconnus, mais à chacun le sien, de manière à multiplier les chemins par lesquels les âmes pourraient bien se faire prendre au filet de Dieu.

Mais ne partez pas, ce n'est pas fini ! Cependant que Pierre et les autres ouvrent le feu en clamant la nouvelle sous un courage nouveau, vous ô Marie, vous demeurez étonnamment hiératique et posée dans le Père qui vous retient en lui, hors de toute visibilité. Comment ! L'aurions-nous déjà perdue de vue malgré l'efficace beauté de votre parcours ? La puissance contemplative est aussi infinie que Dieu lui-même ; l'anéantissement des distances qui séparent le monde divin des rampants que nous sommes, appelle et produit d'innombrables effets jusqu'en surface de vie à l'instar des *Nymphéas* de Monet qui, en ricochet de lumière, s'amusent à colorer de splendeur les étangs les plus fades. À l'aube de l'Église, ô Mère intérieure, le don de votre prière claustrée emportera la victoire de l'amour sur les siècles à venir. Aussi, qui aujourd'hui ne comprend plus la vie monastique, unissant hommes et femmes à l'ombre d'une intériorité, doit le plus rapidement possible se jeter dans la gueule du silence et adorer la sainte hostie jusqu'à sentir sous le pain immobile, la dictée divine qui, mot à mot, souffle aux hommes la route à suivre. Croyez-moi ! Voilà longtemps que notre monde éteint, vendu à l'extériorité, aurait sombré dans la mort, si vous, ô Marie, en recul, suivie de Jean et de gens courageux, vous n'eussiez tenu la barre de l'intention divine. À la prière, nous devons tout. Le peu de temps que nous y passons, à moins que les événements malheureux ne nous y contraignent, laisse entrevoir cette faiblesse qui coûte cher à notre bonheur.

Aux premiers jours de l'Église, par votre seul élan contemplatif, l'Évangile prenait corps aux corps des apôtres ; « tout à tous », enfin reçu, commençait son œuvre de partage : de la prière jusqu'aux biens les plus concrets. Rien d'étonnant. Quand l'Esprit Saint arpente avec vous les facultés humaines, siège au cœur, remonte vers les gestes, tout s'aligne, des idées à la matière, et les sacrifices apparemment les plus raides, transmutés par enchantement sous son règne, s'éveillent étonnés d'être advenus : actes d'amour. Champs, maisons, argent, vertus, privilèges, grâces et lumières, tout fila de l'un à l'autre par l'œuvre de l'Esprit qui, après avoir durant cinquante ans montré en vous le nouveau monde, juge à présent que les temps sont venus d'ordonner la sanctification de la terre.

En cette heure de Pentecôte, seule dans le Cénacle, je vous surprends bienheureuse, mais toujours à votre manière, sobre de pensées, modeste en vos mouvements, éperdue de foi, dépouillée de tout, excepté de l'Église qui près du temple de Jérusalem, bardée de prière maternelle, réussit son Babel.

Avant que vous ne disparaissiez de l'Écriture, *Regina Apostolorum*, et que je n'écrive les derniers mots de notre livre commun, vous insistez de votre sourire, et j'en suis surpris, pour que nous fassions ensemble un dernier tour de Cénacle.

Verrous sautés, lumière franche, tentures au sol, fenêtres ouvertes sur la rue, pièce à visiter, appartement à vendre, impression de passé… Désormais, l'histoire se joue ailleurs – plus loin, plus haut, plus vaste, semblent dire les murs. La porte est grande ouverte, elle donne sur la vie. Sortez, partez, donnez du fruit.

À mon bras de pécheur, vous suspendez le vôtre – je vois là que rien ne vous arrête.

Il faut partir, et nous sortons tous deux de la chambre haute, en parentés confuses, fils, mère, époux, épouse, frère, sœur, muse, égérie, femme, je ne sais plus, et c'est parfait, Marie, mon secret.

Au pied de l'escalier, Jean vous attend sur un sourire qui vous ressemble. C'est fou ce que l'Église a pris de vos traits.

Table des matières

Dépôt légal : octobre 2015
IMPRIMÉ EN FRANCE

Achevé d'imprimer le 14 octobre 2015
sur les presses de l'imprimerie « La Source d'Or »
63039 Clermont-Ferrand
Imprimeur n° 18229

PEFC/10-31-2008

Dans le cadre de sa politique de développement durable,
La Source d'Or a été référencée IMPRIM'VERT®
par son organisme consulaire de tutelle.
Cet ouvrage est imprimé - pour l'intérieur -
sur papier bouffant "Munken Print Cream" 70 g main de 1,8
provenant de la gestion durable des forêts,
des papeteries Arctic Paper, dont les usines ont obtenu
les certifications environnementales ISO 14001 et E.M.A.S.